कलम शतक

कविता - संग्रह

कलम शतक

कविता – संग्रह

सूर्यांश झा 'उदित'

Sarvatra
An imprint of Manjul Publishing House

Sarvatra
An imprint of Manjul Publishing House

◆ द्वितीय तल, उषा प्रीत कॉम्प्लेक्स,
42 मालवीय नगर, भोपाल-462 003
◆ सी-16, सेक्टर 3, नोएडा, उत्तर प्रदेश, 201301
वेबसाइट : www.manjulindia.com

यह संस्करण 2024 में पहली बार प्रकाशित
द्वितीय आवृत्ति 2024

कलम शतक

ISBN 978-93-5543-771-6

सूर्यांश झा 'उदित' इस पुस्तक के
लेखक होने की नैतिक ज़िम्मेदारी वहन करते हैं

मुद्रण व जिल्दसाज़ी : रेप्रो इंडिया लिमिटेड

अनुक्रमणिका

धन्य का धन्यवाद

नमस्कार मित्रों,

मेरी किताब ''कलम शतक'' भाग-एक अभी आपके करों को सुसज्जित कर रही है, सुशोभित कर रही है। मैं ये किताब मेरे प्रिय दादा जी स्व. श्री दिवाकर झा की स्मृति में लिख रहा हूँ। इस किताब को लिखने की ताकत मुझे उन्ही से मिली है। अब मैं अपना धन्यवाद मेरे माता-पिता को देना चाहूँगा जिनके कारण मुझे प्रोत्साहन मिला और आखिर में मेरा धन्यवाद है, मंजुल प्रकाशन भोपाल को। और हाँ, सभी गुरुओं को भी धन्यवाद, जिनके कारण मैं लिखना सीखा।

धन्यवाद।

किताब परिचय

अब मैं आपको संक्षिप्त में अपनी इस कविता संग्रह की जानकारी देने जा रहा हूँ। आज्ञा दें।

इस किताब में कुछ बातें हैं जो आपको इसे समझने में मदद कर सकती है। जैसा कि आप जानते हैं, इस किताब में कुल 9 अध्याय हैं। पहला अध्याय ईश्वर भगवान परमात्मा को याद करते हुए लिखने की कोशिश की गयी है। दूसरे से पाँचवे अध्याय में मैंने अपनी कुछ यादों, कुछ परिवारों की बातों और मेरे गुरुजनों के अनुभवों की बातें की है। छठवे अध्याय में मैंने मातृभूमि को सराहा है और सातवे अध्याय में मैंने प्रकृति को समझने की कोशिश की है। आठवे अध्याय में मैंने कुछ अपने अनुभवों को आपसे साझा किया है और आखरी अध्याय में मैंने आपको जरा हँसाने की कोशिश की है। उम्मीद करता हूँ, आपको मेरी कविताओं में जरूर कुछ अपना-सा लगेगा।

आपका अपना,

सूर्यांश झा 'उदित'

अध्याय 1

भगवान की कलम से

1. गणपति का संदेश

भक्त

हे गणराज! मुझमें क्या है कमी,
मुझे भुलाकर नहीं आई आपकी आँखों में नमी।
मैंने करी हर क्षण आराधना आपकी,
बस देखने हेतु आपकी मनमोहक छवि।
लोग कहते हैं आपको आने में नहीं होती देरी,
पर न जाने क्यों,
आज आपकी देरी ही बनी निराशा का कारण मेरी।।1।।

गणपति

ऐ मनुज! मैं तेरी बात ध्यान से सुनता रहा,
सुन रहा था मैं जो तूने अपना सारा दर्द कहा।
हाँ, माना कि मुझे देर हो गयी जरा-सी,
पर मेरा आशीर्वाद तो न डगमगाया,
न जाने क्यों मैं ये न समझ पाया
कि क्यों तूने मुझे हृदय से उठाया।
एक तरफ कहा विघ्नहर्ता मुझे,
दूसरी तरफ मुझे ही व्यथा का कारण बताया।।2।।

नहीं जरूरत मुझे तेरे भोग-पूजन की,
मैं तो बस प्रेम का भूखा और विश्वास का प्यासा हूँ।
ये दोनों मिले जिस जगह,
उस जगह मैं जल्द-से-जल्द आता हूँ।।3।।

चल आज से तू मेरा परम भक्त कहलाएगा।
पर बदले में कर वादा मुझसे,
सद्भावना का संदेश,
तू सब तक पहुँचाएगा।।4।।

2. सनातन के रक्षक : महादेव

सनातन के रक्षक है महादेव,
पापियों के भक्षक है महादेव।
धर्म की रक्षा करने हेतु,
देखो आए स्वयं महादेव।।1।।

सूर्य का है तेज महादेव,
चंद्र की शीतलता भी महादेव।
तीनों लोक के स्वामी और
सनातन के रक्षक है महादेव।।2।।

सृष्टि की है गति महादेव,
मनुष्य की उन्नति भी महादेव।
दानवीर का एश्वर्य महादेव,
सनातन के रक्षक है महादेव।।3।।

कण-कण में है व्याप्त महादेव,
सृष्टि में है मिले महादेव,
कैलाश पर्वत के स्वामी है महादेव,
सनातन के रक्षक है महादेव।।4।।

3. संतुलन के महत्व की कहानी : श्री राम की जुबानी

श्री राम की सजगता को है मेरा प्रणाम,
जिनको अपना थे आराध्य मानते,
श्री अब्दुल कलाम।
जिन्होंने पूरे जीवन कष्ट झेले,
लगते थे जिनके समक्ष बस काँटों के मेले,
उन राम के संतुलन का क्या कहना,
मुझे तो बस उन्हीं के हृदय में रहना।।1।।

जन्म होने पर दुःख का पलड़ा भारी था,
बड़े हुए वनवासी जैसे,
दुःख जीवन का साथी था।
वनवास के प्रसंग का क्या कहना
पड़ा कठोर दुःख सीता-राम को सहना।
पर संतुलन ने उनके ऐसा जोर चलाया,
रावण जैसे महाबली को,
एक पल में ही श्री राम ने मिटाया।।2।।

आज भी श्री राम की,
लोग देते हैं मिसाल ।
सजगता और संतुलन की है जो मूरत,
राम जी ही है वो शीतल सूरत।।3।।

4. भगवान मुझमें ये गुण भर दो

अनुशासन में बनना मुझको श्री राम की तरह,
प्रेम की लीला रचनी मुझको श्याम की तरह,
भक्त है बनना मुझको हनुमान की तरह,
क्रोध भी आए मुझको भोलेनाथ की तरह।
मिले ज्ञान मुझको श्री बुद्ध की तरह,
शीतल भी हो जाऊँ मैं माँ गंगा की तरह।
ताकत चाहिए मुझको परशुराम की तरह,
खाऊँ मैं भरपेट श्री गणेश की तरह।।1।।

है आपसे, यही विनती है भगवान,
मेरे आप सारे पाप हर लो।
है आपसे यह गुजारिश भी,
भगवान! मुझमें ये गुण भर दो।।2।।

5. श्री कृष्ण के बिन राधे माँ

बात है ये सदियों पुरानी,
आओ सुनो सब कोय,
गोकुल से बिछड़े जब मोहनु,
राधा क्षण-क्षण रोए।।1।।

जाने से पहले मथुरा,
गोपी संग कन्हैया रास रचाए थे,
जब जाने लगे वे छोड़ के गोकुल,
तब पास किशोरी के आए थे।
रो-रोकर वो क्रोध में आई थी,
फिर देखो राधे का दर्द,
वो कैसे गिरधर को सुनाई थी।
हे कृष्ण! तू है चालबाज,
पसंद न आया तेरा अंदाज।।2।।

तूने कहा तू प्रेम मुझसे करता है,
फिर छोड़ के मुझको जाने पर,
तू क्यों न आहें भरता है।
तू था कहता तेरा अंग हूँ मैं,
तो क्यों धोखा मुझको देता था।
धर्म बचाना जो था इतना जरूरी,
तो प्रेम क्यों मुझसे करता था।।3।।

सुनकर इतने कठोर वचन,
हरि के आँसू छूटे,
कहे वो सिसक कर किशोरी से,
धागे विश्वास के कब थे टूटे।
यदि फिर भी है संदेह तुम्हें,
तो पलक झपकाओ एक बार अपनी,
और देखो फिर क्या होता है।
वादा करता तुमसे राधे,
जागेगा वो प्रेम फिर से जो अब तक सोता है।।4।।

राधा थी भोली,
वही किया जो कहा गया,
झपकाते ही पलक अगले पल,
अर्ध-नारेश्वर रूप दिखा।
कृष्ण बोले फिर राधा से,
हे राधे! तू जाग,
देख! तू और मैं एक नहीं,
ये भ्रम आज जाएगा भाग।
किशोरी मैं रहूँ कहीं भी,
तुम मेरा अंग हो,
प्रेम किया और करता रहूँगा तुमसे,
चाहे दिखाने के कई ढंग हो।।5।।

चल दिए फिर श्री कृष्ण,
आखरी विदा लेकर,
निशानी में एक बंसी दे गए राधे को,
जो नहीं गए फिर कभी भी लेकर।।6।।

6. सीता मैया के सुत समान-हनुमान

चलो सुनो एक कहानी,
कान अपने खोल कर,
श्री राम ने हनुमान को,
लंका भेजा था ये बोलकर-
'हे अंजनी पुत्र,
आज तुम्हें है लंका जाना,
आने पर सीता की अच्छी खबर जरूर लाना।
आए जो कोई विपदा अगर,
तो सीता को है तुम्हें बचाना,
और मिलो जब तुम सीता से,
दे अंगूठी उसके हाथ में,
आश्वासन देकर कहना,
कि अब धर्म को जल्द है आना'।।1।।

मान रघुपति की ये बात,
पहुंचे लंका एकाएक,
पहुंचे जैसे ही अशोक वाटिका,
धन्य हुए माँ सीता को देख।।2।।

जैसे ही प्रकट हुए महावीर,
सीता माँ के सामने,
माँ थोड़ी असहज हुई,
पूछी सोच ये रावण है,
क्या फिर रूप बदला पाप ने।।3।।

पवनसुत कदमों में झुके,
बोले- ''मैं आपका दास हूँ।
श्री राम आ रहे जल्द ही,
ये बताने आया आपके पास हूँ।
हनुमान नाम से जाने संसार,
अब धर्म के दिख रहे आसार।
माँ अब आप चिंता न करना,
श्री राम के साथ मैं आऊँगा,
पाप का अन्त शीघ्र ही करके,
आपको श्रीराम को सौंप जाऊँगा''।।4।।

इतना कहकर अंजनीपुत्र,
मुद्रिका दे करते प्रणाम,
पूरी जिंदगी जपते रहिए,
जय श्रीराम, सीता-राम।।5।।

7. माँ पार्वती से माँ काली का सफर

एक समय की बात है,
था वक्त बड़ा विकराल,
रक्तबीज के नाम से,
था काँपता ये संसार।
था वरदान एक प्राप्त उसको सुनकर चौंक जाओगे,
खून की एक बूँद भी मत गिरने देना,
वरना सामने एक और रक्तबीज पाओगे।।1।।

ब्रम्हा, विष्णु, महेश,
थे तीनों ही परेशान,
समझ चुके थे तीनों ही,
न मारना इसको आसान।
तब माँ पार्वती ने सोची एक तरकीब,
नया रूप तब सबको दिखा,
माँ काली थी जिनकी तारीफ।।2।।

रक्तबीज को मार-मार कर,
रक्त सारा खुद ही पीया,
काली बनी तब महाकाली,
जब क्रोध उनके सिर पर चढ़ा।।3।।

माँ के क्रोध को भोले ने जाना,
काली को वापिस पार्वती बनना होगा,
इस बात को उन्होंने पहचाना।
लेटना होगा पृथ्वी पर त्रिलोकी को,
अगर माँ का क्रोध है मिटाना।।4।।

लेट गए फिर महादेव,
माँ पार्वती को वापिस लाने,
काली माँ ने पाँव धरे फिर,
माँ पार्वती ने पाप सब माने।।5।।

महादेव ने माफ किया,
कहा- ''आपसे सब अनजाने में हुआ,
आपने पार्वती रूप में आकर,
फिर हमारे दिल को छुआ''।।6।।

8. विवाह शिव का

आओ सुनो अब तुम पाठक,
सदियों पुरानी एक रोचक कथा,
मनमोहक दृश्य शिव-पार्वती मिलन का,
था जन-जन को प्रतीत होता।।1।।

मेरे भंडारी की बारात अब आनी थी,
दर पर माँ पार्वती पलकें बिछाए थी,
शिव-पार्वती अब एक हुए किसी क्षण,
माँ के मन में खुशियाँ झूम आई थीं।।2।।

जैसे ही पहुंचे दर पर,
मेरे शिव कैलासी,
चकित हुआ सारा संसार,
बारातियों की सूरत है कैसी।।3।।

पर माँ का था वो प्रेम अटूट,
बोली - "यही बनने मेरे वर है।
जोड़ी तभी है इनकी अटूट,
शिव-पार्वती तभी सदा से अमर हैं।।4।।

9. कथा वैष्णोदेवी की

चलो पाठक ले चलूँ तुम्हें,
वैष्णोदेवी की यात्रा पे,
लाखों साल पहले घटी ,
एक विचित्र-सी घटना पे।।1।।

हुआ यूँ उस दिन मेरे दोस्त,
सुनोगे तो उड़ेंगे होश ।
भैरवनाथ महापापी,
घूम रहा था बेसुध,
न चाहता था पाना मोक्ष।।2।।

एक दिन की है ये बात,
ब्राह्मण एक करा रहे थे भोज,
आया महापापी उसी जगह,
मांगने लगा मांस,
करके पाप की खोज।।3।।

माँ ने भांप लिया "ये वही भैरवनाथ पापी है,
रहा मेरे भक्त के भोज में विघ्न डाल,
इसका अन्त है अब किसी भी काल"।।4।।

है ये सच प्रकृति का,
अन्त होता सबका एक बार है,
और किया अगर कुछ बुरा जो तुमने,
तो सावधान! निकट अब तुम्हारा काल है।।5।।

माँ ने भी बस यही किया,
भैरवनाथ की बनी वो तारणहार,
भीख मांगी जो करुणा की भैरवनाथ ने,
करुणामई माँ ने किया उसका उद्धार।।6।।

10. गौ माता की कृष्ण संग लीला

आओ पाठक अब सुनो जरा,
मेरी बातें मन में बुनो जरा,
अब सुनाऊँगा एक लीला प्यारी,
समझो मन में गूथो जरा।।1।।

हुआ था कुछ आलम ऐसा,
पहाड़ों के संग हवाओं जैसा ।
मित्र सभी माधव के संग थे,
माधव खेल रहे हर क्षण थे।।2।।

गौ माता को हुई ये इच्छा,
क्यों न गिरिधर से मिलने जाऊं,
हाल-चाल पूछ गोपाल से,
खुद भी अपना हाल बताऊँ।।3।।

पहुंची धरती पर फिर मैया,
बछड़े का छोटा रूप धर,
पर कृष्ण तो थे लीलाधर,
समझे वो झट,
यह गौ माता ही आई है रूप बदल।।4।।

देख एकटक कन्हैया को,
गौ माता एकदम धन्य हुई,
खेलकर फिर कुछ वक्त मित्रों संग,
तब वो अपने धाम गई।।5।।

कृष्ण ने फिर बोली मन से ये बात-
''समझ गया था पहले ही,
थी आई बछड़े के रूप में आप''।।6।।

गौ माता फिर मंद-मंद मुस्काई,
बोली फिर कन्हैया से मन में-
''मैं तो बस आपसे मिलने की प्रत्याशी थी,
मिल लिया था जब तुमसे कान्हा,
तो आशा, तृष्णा सब भागी थी''।।7।।

11. नंदी जी का प्रभु के प्रति समर्पण

एक बार की कथा अनोखी,
आओ-आओ सब श्रवण करो,
शिव और नंदी की गाथा एक,
मस्तिष्क में अपने अब तुम भरो।।1।।

बात है वो एक दिवस की,
शिव सुना रहे थे एक कथा,
जब ध्यान थोड़ा भटका मैया का,
भोले ने उनको डांट दिया।।2।।

मैया को फिर क्रोध चढ़ा,
बोली- "मैं अब न आऊँगी,
जा रही छोड़कर कैलाश को,
धरती पर ही जीवन बिताऊँगी"।।3।।

पछताए फिर अपने किये पर महादेव,
बोले- "क्यों पार्वती को मैंने डांट दिया?
प्रेम के इस अटूट रिश्ते को,
मैंने क्यों टुकड़ों में बाँट दिया"।।4।।

चले गए फिर शिव भी धरती पर,
अपनी प्रिय भार्या को लेने,
नंदी जी फिर उदास हुए,
जब वो अशुभ ये संदेश सुने।।5।।

प्रण लिया उन्होंने अब कठिन,
''अब शिव-शक्ति को साथ लाऊँगा,
लाने के लिए अब दोनों को,
रूप बदल मैं धरती जाऊँगा''।।6।।

संयोग तो देखो जरा प्रकृति का,
जैसे ही आए रूप बदल,
वो एक बड़ी मछली का,
प्रस्ताव रखा गया उसी दिन,
माँ पार्वती के विवाह का।।7।।

उसी बात का उठाके फायदा,
भोले ने मछली को मार गिराया,
फिर से शिव-शक्ति का मिलन हुआ,
नंदी जी ने वादा पूरा कर,
शिव-शक्ति को कैलाश वापस लाया।।8।।

12. काकभुशुंडि और श्री राम

दशरथ के घर आए राम,
सबने गाई बधाइयाँ थी,
पाप का अन्त अब निकट ही था,
उठी धर्म की चिंगारियाँ थी।।1।।

देखने आए सुर, नर, देवता,
मनमोहक बचपन की अठखेलियाँ,
काकभुशुंडि न रोक सके खुद को,
पहुँचे अयोध्या देखने नन्ही अठखेलियाँ।।2।।

श्री राम भले ही बच्चे थे,
पर अक्ल के न कच्चे थे,
समझ गए थे पहले ही,
सामने काकभुशुंडि आए थे।।3।।

काक ने देखा एकटक हरि को,
मनमोहक ऐसा दृश्य वो था,
नन्हें पावों को दिखलाकर,
अधर्म कुचलने आया वीर जो था।।4।।

काकभुशुंडि धन्य हुए,
पाकर दर्शन श्री राम का,
सोचे अब इस पवित्र धाम में,
ही बस मैं रह जाऊँगा।।5।।

13. कार्तिकेय और गणेश की प्रतिस्पर्धा

एक समय की है ये बात,
आई एक प्रतिस्पर्धा की सौगात,
जो भी पृथ्वी के तीन चक्कर लगाएगा,
वही पुत्र दोनों में सर्वश्रेष्ठ कहलाएगा।।1।।

कार्तिकेय बेशक बड़े थे,
पर गणेश की बुद्धि थी बड़ी,
वो चले गए भले ही मोर को लेकर,
पर श्री गणेश ने कोई और ही नीति थी गढ़ी।।2।।

देख भाई को जाते,
गणपति बोले-
"मैं अपने संसार के चक्कर लगाऊँगा,
भैया के घूमकर आने तक,
मैं मात-पिता के चक्कर लगाऊँगा"।।3।।

लगा जब दिए चक्कर तीन,
अपने सुन्दर संसार के,
गणपति तब विजयी कहलाए,
जीत का हार गले में डाल के।।4।।

14. अर्जुन ने जब मांगे कृष्ण

सच ही कहा है विद्वान किसी ने,
घड़ा पाप का जल्दी भरता है,
पर शरण जो पा ले कृष्ण की,
वो एक दिन जरूर चमकता है।।1।।

एक दिन की है ये बात,
जब हमारे मोहन,
हस्तिनापुर शांतिदूत बनकर आए थे,
चाहते थे टालना युद्ध मगर,
अधर्मी-पापी ये न समझ पाए थे।।2।।

थे वो अपने कक्ष में जब,
फरमा रहे थे जरा आराम,
अर्जुन और दुर्योधन आए,
उसी समय लेकर फरमान।।3।।

कृष्ण की जैसे ही आँख खुली,
चक्षु ने पहले अर्जुन को पाया चरणों में,
वहीं बैठा था कपटी दुर्योधन,
माधव के सिरहाने पर।।4।।

पूछ लिया तब त्रिलोकी ने,
"बोल अर्जुन तुझे क्या चाहिए,
चाहिए तुझे अक्षोहिणी सेना या फिर,
मेरी कोई मदद चाहिए"।।5।।

अर्जुन था नम्र बड़ा,
मांग लिया तब माधव को,
कहा- "अक्षोहिणी सेना दे दो दुर्योधन को,
मेरे जीवन का आधार बस आप हो"।।6।।

हुआ दुर्योधन खुश बहुत,
पर धर्म का पलड़ा भारी था,
कौरव संग दुर्योधन मौत की नींद सोया,
क्योंकि माधव का हाथ अर्जुन के सिर था।।7।।

15. माँ द्वारा महिषासुर का वध

चलो आओ अब सुनो कथा,
जब हुआ अन्त अधर्मी पापी का,
जब माँ दुर्गा ने दिखाया रौद्र रूप,
उस विकट भीषण क्षण का।।1।।

महिषासुर था अधम अज्ञानी,
वरदान का जिसने गलत इस्तेमाल किया,
अहंकार के मद में जिसने,
धर्म का प्रतिकार किया।।2।।

देवों ने निश्चय किया,
अब मैया से ही नैया पार है,
प्रकट किया तब मैया को,
जो अधर्म की मृत्यु का सार है।।3।।

युद्ध हुआ तब भीषण,
महिषासुर का आखिर अन्त हुआ,
अधर्म के ऊपर धर्म का,
एक बार फिर शंख बजा।
खुशियों का फिर से आलम आया,
बधाइयों से सबका हृदय सजा।।4।।

नमस्कार मित्रों,

लेखक का प्रणाम स्वीकार कीजिए। प्रस्तुत अध्याय में मेरा प्रयास रहा है की मैं अपने शब्दकोश के कुछ शब्द भगवानों को समर्पित कर सकूँ। ये 15 कविताएं लिखने का मेरा उद्देश्य सिर्फ हिन्दुत्व को बढ़ावा देना और आज की पीढ़ियों को बताना कि कहानियाँ मिथ्या नहीं बल्कि सत्य हैं। आज के वक्त में हम दूरभाष यंत्र और अन्य यंत्रों से इतना घिरे हुए हैं कि हमारे पास दादा-दादी से बात तक करने का समय नहीं है। ऐसे में जो लोग मेरी किताब को चुनकर उसे अपना समझेंगे, निश्चित ही उन्हें अपने अतीत के बारे में जानने की उत्सुकता होगी। इसी कामना के साथ मैं अगले अध्याय के अध्ययन का काम आपको सौंपता हूँ।

आपका शुभचिंतक,

सूर्यांश झा 'उदित'

अध्याय 2

गुरु वर्णन

16. अवतरण का उजाला

काल–काल की रीत चली आई,
शिष्य ने ही गुरु की महिमा बताई।
पावन वर्ष वो पावन धाम,
नरसिंहपुर था जिसका नाम।
1965 के मार्च का समां था,
वक्त भी उस दिन कुछ वक्त थमा था।
जब धर्म बैठा थोड़ा थका था,
तब मेरे श्री गुरुदेव ने,
इस पावन धरती पर अपना कदम रखा था।।1।।

घर–घर बजी शहनाई थी,
बुराई पर जमी काई थी,
पिल्लई परिवार में सबने गायी बधाई थी,
अरुण नाम से नरसिंहपुर में,
छाई परम उजियारी थी।।2।।

अमर रहे वो माँ सदा,
जो जन्म दे गई,
अटल, प्रतापी, त्यागी को,
पिता रहे वो पूज्य सदा,
जो दे गए साहस,
अपूर्व, निश्छल, दानी को।।3।।

जन्म ले चुके हैं प्रभुजी अब,
सबसे सुंदर धरती पर,
अवतरण का उजाला अब फैल चुका है,
भू-तल के हर कण-कण पर।।4।।

17. नटखट प्रभु मेरे गुरुदेव

बात है ये रोज़ की एक,
सूर्य की धूप रही थी सबको सेंक।
फिर भी मेरे गुरुदेव को तो देखो,
खेल रहे थे मित्रों संग पकड़ा-पकड़ी,
तपिश सूर्य की दिल से फेंक।।1।।

मित्र भी संग थे,
दोस्ती के सात रंग थे,
पर बैठे कुछ बड़े कैक्टस,
रंगों में डालने भंग थे।।2।।

खेलते-खेलते मित्र फिसला एक,
गिरा जोर से कैक्टस पर,
फिर भी देखो गुरुदेव जी,
नहीं किये विचलित अपना मन।
उठा मित्र को हाथों से अपने,
काँटे सारे फेंक दिए,
बाकी मित्र तो डरकर भागे,
यही मदद के पात्र बने।।3।।

मित्र हुआ कृतज्ञ,
बोला- ''पाकर सहयोग मैं धन्य हुआ'',
बोले फिर मेरे महान गुरुदेव-
न भाई, मैंने तो बस,
अपने कर्तव्य को कायरता से ऊपर चुना।।4।।

18. क्रोध गुरुदेव का

आओ पाठक ले चलूँ तुम्हें,
गुरुदेव की एक अवस्था में,
प्रचंड जहां कभी क्रोध था,
अंतर्मन की उसी क्रुद्ध की व्यवस्था में।।1।।

पूछा यूँ ही गुरुदेव से मैंने एक दिन,
कैसे रहते आप सरल व खुश प्रतिदिन ।
क्या थे आप ऐसे ही शुरू से,
या पड़ा पल्ले आपके क्रोध भी किसी दिन।।2।।

गुरुदेव है निराले मेरे,
उस दिन जरा-सा मुस्कुराये,
पहुँच गए फिर अपने पिछले दिनों में,
जब क्रोध था इनके दिलो-दिमाग में समाए।।3।।

ये बात है उस ज़माने की, जब श्री गुरुदेव ने,
एक विद्यालय में प्रारंभ किया था देना शिक्षा,
सुबह-सुबह की प्रार्थना सभा में,
घटित हुई थी तब यह घटना।।4।।

बहुत देर से मेरे प्रभुजी
थे देख रहे एक बच्चे को,
राष्ट्रगान में हिलते-डुलते
दिमाग से ज़रा कच्चे को ।।5।।

ताप चढ़ा तब गुरुदेव के सर पर
वो देशप्रेम की मूरत हैं,
देख एक ही नज़र प्रभुजी
भाँप लेते सबकी हकीकत हैं।।6।।

प्रार्थना सभा समाप्त हुई,
अब बालक की शामत आनी थी,
सामना करे गुरुदेव के क्रोध का ,
वो ताकत अब बनी कहानी थी।।7।।

बुला छात्र को गुरुदेव ने
पूछा क्यों ऐसी हरकत की,
अनसुना किया छात्र ने गुरु को
अब उसकी शामत आनी थी।।8।।

अब क्रोध हुआ था सीमाहीन
प्रभु ने अपना हाथ उठाया,
चाँटा पड़ा जैसे ही एक
छात्र ने खुद को मूर्छित पाया।।9।।

ये थी कहानी,
गुरु के प्रचंड क्रोध की,
बहता था जो कभी प्रभु के रक्त में,
उस ज्वाला के रूद्र वेग की।।10।।

19. गुरुदेव और मोह परिवार का

चलो-चलो अब पाठक आगे,
सुनाऊँ तुम्हें एक और कहानी,
आज की पीढ़ी बदलने हेतु,
ये कहानी है अधिक ज़रूरी सुनानी।।1।।

प्रभु की शिक्षा समाप्त हुई,
अब कोई काम करने की थी बारी,
पर मेरे प्रभु की लीला तो देखो,
उनकी आज भी थी परिवार से यारी।।2।।

पर काल चक्र का खेल तो देखो,
एक दिन परिवार को छोड़ जाना ही पड़ा,
देख सकें चमक परिवार की आखो में,
गुरू को कुछ वर्ष बनवास सहना ही पड़ा।।3।।

अंततः गुरुदेव की ममता जाग ही गई,
हृदय का मोह इनकी आँखें भाप ही गई,
अश्रु लिए तब इनकी आखें,
घर तक इन को पहुँचा ही गई।।4।।

यहीं पर मिलती एक सीख है,
सुन लो आज के नवयुवक,
कोई वस्तु परिवार से अनमोल नहीं,
परिवार ही सर्वश्रेष्ठ कल से आज तक।।5।।

20. अफ़सोस प्रभु के दिल में

आओ अब कुछ आगे बढ़े,
जानें प्रभु की एक दुख मय गाथा,
है कुछ अफ़सोस प्रभु के दिल में,
जो उनके आलावा शायद ही कोई समझ पाता।।1।।

है एक कटु सत्य दुनिया का,
हर कोई मतलब के रिश्ते निभाता है,
है कहलाता वहीं श्रवण कुमार,
जो मुसीबत में मातापिता के काम आता है।।2।।

यहाँ भी दृश्य कुछ ऐसा ही था,
मुश्किल में थे गुरुदेव के माता-पिता,
प्रभु को जैसे ही ये बात चली पता,
छोड़ सब कुछ चल दिये,
निभाने धर्म बेटे का।।3।।

हाँ! वो गलती काल की थी,
मेरे गुरुदेव की नहीं,
प्रभु की हर कोशिश के बाद भी,
काल ने नहीं किया इंसाफ सही।।4।।

धिक्कारता हूँ मैं आज काल को,
गुरुदेव को भागीदार अफ़सोस का बनाया,
माता पहले फिर पिता को बुलाकर,
दोषी गुरुदेव को बताया।।5।।

नमस्कार मित्रों,

ये सुनकर अति प्रसन्नता हुई कि पाठकों को मेरी कविता में कुछ अपना सा जरूर लगता है तभी वो यहाँ तक आ पहुंचें। प्रस्तुत अध्याय में मैंने अपने गुरुदेव को एक शिष्य द्वारा गुरु को तोहफा देने की कोशिश की है। मेरे गुरुदेव का नाम श्री अरुण पिल्लई है। मेरे लेखन की प्रतिभा को निखारने में, संवारने में और बनाने में माता-पिता के बाद मैं इनका सबसे बड़ा हाथ मानता हूँ। आप कल्पना भी नही कर सकते कि जो बच्चा हिन्दी को एक गलत नजर से परखने वाला उसे सारी भाषाओं मे अंतिम स्थान देने वाला बच्चा था उसे श्री गुरुदेव ने सिर्फ दो वर्ष में ही एक हिंदी प्रेमी बच्चा बना दिया। और हाँ ये बच्चा में ही हूँ। आज आपके हाथ में मेरी किताब इसीलिए आई है क्योंकि हिंदी के प्रति मेरे गुरुदेव ने मेरा विचार और व्यवहार दोनों ही बदल दिया।

अब अगला अध्याय पढ़ने की बारी है।

आपका शुभचिंतक,

सूर्यांश झा ''उदित''

अध्याय 3

मेरी राह बना दी आपने : प्रणाम शिक्षकों को...

21. मिला एक मार्गदर्शक मुझे

मिला एक मार्गदर्शक मुझे,
मिटा दी जिसने सारी उलझने मेरी,
दे दी उसने ऐसी सीखें,
जिससे बंद हुई होना गड़बड़ी।।1।।

सिखा दिया उसने मुझ को,
जीनी कैसे है जिंदगी,
दे दिया उसने ये भी ज्ञान,
कैसे करूँ खुद से बंदगी।।2।।

पहले था मैं भ्रम में,
क्या रखा है इस जीवन में,
पर उसने मुझे यह सिख लाया,
जीवन भी एक सुंदर काया।।3।।

था वो अनमोल पल,
थी सारी अनमोल बातें,
जीवन भर जो याद रहें
ऐसी थी वो यादें।।4।।

श्री राजकुमार घोष सर, आयकर आयुक्त को समर्पित

22. है मेरा धन्यवाद उनको

है मेरा धन्यवाद उनको,
जिन्होंने मुझे इस काबिल बनाया,
कि कर सकुँ मैं दुनिया की बराबरी,
न हो शब्द कम मेरे पास,
जब शायर बनके करूँ शायरी।।1।।

है धन्यवाद मेरा उनको,
जिनको है, हर समझ दुनिया की,
लाए जो पथ पर मुझको,
अगर हो मुझसे कोई त्रुटि।।2।।

है धन्यवाद मेरा उनको
जिनके सौजन्य से मैं हो सका सफल,
है उन्हीं का ये बीजमंत्र,
कि सब्र का होता मीठा फल।।3।।

23. शिक्षक : बड़े भविष्य के अभियंता

आओ ले चलूँ तुम्हें,
विद्यालय की एक कक्षा में,
जहाँ भरा ज्ञान का बक्सा है,
जहाँ प्रेम की मीठी बोली है,
और डाँट का हल्का, तीखा चस्का है।।1।।

भारत में कितने ही विद्यालय हों,
पर शिक्षक चुनने में मेरा विद्यालय महान है।
मेरे माननीय शिक्षकों का,
बस हमें सफल बनाने का अभियान है।।2।।

आज सभी बच्चों को
ये बात में सिखलाता हूँ,
शिक्षक तुम से कम है,
इस बात को आज मैं यहाँ झुठलाता हूँ।
अरे बच्चों, क्या मर गई मनुष्यता तुम्हारी,
जो तुम अपने ईश्वर रूपी शिक्षक पर सवाल उठा रहे,
भूलो मत कि यही शिक्षक,
तुम्हारे भविष्य का रास्ता बना रहे।।3।।

अब तुमको मैं जा रहा,
देकर एक छोटा सा काम,
खुद को भले ही भुला देना,
पर शिक्षक का मरते दम तक,
मत भूलना नाम।।4।।

24. मुझको तुम एक गुरु से मिला दो

हे ईश्वर कुछ ऐसा जादू चला दो,
मेरे ब्रह्मलीन होने से पहले,
मुझको हे ईश्वर,
मेरे माननीय गुरु से मिला दो।।1।।

है आशा मेरे दिल की तुमसे हे देव यही,
रहे मेरे गुरु देव की हमेशा तबीयत सही
मुझसे कोई गलती न हो ये कृपा मुझपे करना,
मेरे कारण गुरुदेव कभी निराश न हो,
उनके जीवन के सारे दुख,
तुम जल्द से जल्द हरना।।2।।

हे भगवान मुझको ज्ञान का अमृत पिला दो,
बुराई को अंदर ही मेरे मौत की नींद सुला दो,
मेरी अदम्य भक्ति का ये सिला दो,
मुझको तुम एक गुरु से मिला दो।।3।।

25. मेरे गुरुदेव की महिमा

एक था समय जब हिंदी को,
समझता था मैं श्राप,
उसे छूना भी लगता था मुझे पाप,
पर विधाता का खेल तो देखो,
मेरी जिंदगी में प्रकट हुए आप।।1।।

मैं आपका मामूली शिष्य,
आपकी महिमा कहाँ गा पाऊँगा,
पर आपकी कृपा से है सामर्थ इतना,
आप कह दो तो प्राण,
न्योछावर करने से भी नहीं डरूँगा।।2।।

आखिर में मेरी यहीं इच्छा है, हे गुरुदेव,
आपके आशीर्वाद की कभी इति न हो,
आपकी सेवा करना मैं बंद कर दूँ,
ऐसी कोई तिथी न हो।।3।।

26. गुरुश्रेष्ठ की विशेषता

एक गुरुओं में सबसे श्रेष्ठ,
जो है विशेष व है अशेष,
है जिनके अलग–अलग से वेष,
पर रहते जिनके लिए हमेशा शब्द शेष।
जिनका है दिव्य स्वरूप,
पर मानव रूप,
जो है अटल व अचल,
वही है जिनसे होते,
सबके कार्य सफल।।1।।

हाँ मैं बात कर रहा उसी सितारे की,
टूटे–बिखरे तारों को जोड़ते,
उसी शक्ति की,
जिसको तोड़ता है 'असंभव',
और उत्साह है जिनका उद्भव।।2।।

और क्या बचा है कहने को अब ,
बस कहूँगा इतना ही,
हमेशा अपना आशीर्वाद हम पर,
बरसाना आप जिंदगी भर।।3।।

27. मेरा शिक्षकों को संदेश

मेरे प्रिय शिक्षकों,
करे मेरा प्रणाम स्वीकार,
जो भी करता आपका प्रतिकार,
उसकी मृत्यु निश्चित ही सिरधार।।1।।

आपसे आज एक करूँगा विनती,
मेरी गलतियों की बेशक नहीं गिनती,
पर फिर भी मुझे शिक्षा का प्रदान करे सौभाग्य,
क्योंकि आपसे ही जागेगे मेरे भाग्य।।2।।

अब एक आखरी संदेश,
सुनिये आप ध्यान से,
रहेगा आपका अहसान हमेशा हम पर,
भूलूंगा नहीं कभी आपको,
स्वर्ग में भी जाकर।।3।।

नमस्कार मित्रों,

आशा करता हूँ आप मेरे प्रस्तुत अध्याय को पढ़कर गुरुओं और शिक्षकों की महत्ता को जान ही गए होगे, अगर आपका उत्तर हाँ है तो मेरा इस अध्याय की रचना करने का उद्देश्य सफल रहा। शिक्षक हृदय में जलता वो दीपक है जो यदि बुझ जाए तो एक छात्र छात्रा का भी अंत निश्चित है। मैं इस अध्याय की रचना करते समय खुद को आदरणीय शिक्षकों का आराध्य बनते पाया। निश्चित है कि आप भी इस भावना को अब तक अपने जीवन में उतार चुके हो अगर ऐसा नहीं है तो शायद आपको मेरी कविताएँ समझने में कठिनाई हुई ऐसे में आप इस अध्याय को पढ़ते समय अपने गुरु अथवा शिक्षक की कल्पना कर सकते है और ये सब करने के बाद आप किताब के अगले अध्याय की और बढ़ सकते है।

आपका शुभचिंतक

सूर्यांश झा ''उदित''

अध्याय 4

परिवार का साया

28. परिवार एक अनमोल देन

भगवान की लीला अनोखी,
जन्म से ही देता परिवार,
परिवार जो दिखाए दिशा भटके राही को,
परिवार जो होता राही का यार।।1।।

परिवार से ही होता पूरा हर सपना,
परिवार के बिना सब होता बेगाना।
परिवार ही है सफलता की सीढ़ी,
परिवार सिखाए चलाना,
राही को अपनी पीढ़ी।।2।।

राही होता है अनजान,
कैसे परिवार करता उसके लिए जिंदगी कुरबान,
राहों की हर मुश्किल का,
कैसे करता वो समाधान।।3।।

परिवार की कुरबातियों को भूल ना जाना,
उनकी सीख ही तुम्हें काम है आना,
अगर खुद को गर्व से सफल है कहना,
तो सुन ओ राही,
हमेशा परिवार का साथ निभाना।।4।।

29. परिवार की बात अनोखी

परिवार की बात अनोखी,
घर में खुशियां जो भर लाए,
कहीं जो घर से बाहर हो तुम,
हर पल ये तुमको याद भी आए।।1।।

परिवार की बात अनोखी,
दुनिया का जो पाठ पढ़ाए,
कहीं जो गिरने है लगे तो,
मदद के लिए पास वो आए।।2।।

30. माता-पिता की जोड़ी अनोखी

माता-पिता की जोड़ी अनोखी,
घर में मिठास जो घोल लाए,
भाई-बहन में जब तकरार हो तो,
ये जोड़ी तब काम भी आए।।1।।

माता-पिता की जोड़ी अनोखी,
बच्चे की जिंदगी जो सुलझाए,
सिर्फ अपने बच्चों की खातिर,
अपने सपनों को जो आग लगाए।।2।।

माता-पिता की जोड़ी अनोखी,
खट्टी-मीठी जो दुनियाँ दिखाए,
अपने पैसे जोड़-जोड़ कर,
हकीकत जो हर सपना बनाए।।3।।

31. बहन की परिभाषा

अच्छाई की सूरत है बहन,
भगवान की सूरत है बहन,
घर को जो घर बनाए,
वो ईंट है बहन।।1।।

परिवार को जो आगे रखे,
वो डोर है बहन,
परिवार के हर पहलू को जो दर्शाये,
वो आईना है बहन।।2।।

भाई का सहारा है बहन,
माँ-बाप का सच होता सपना है बहन,
लड़ते समय आग, और वैसे प्यार है बहन
करुणा का दूसरा नाम है बहन।।3।।

भगवान का भेजा फरिश्ता है बहन,
मुस्कुराती नन्हीं परी है बहन,
सच्ची सलाहकार है बहन,
मनुष्य के अनमोल रिश्ते का नाम है बहन।।4।।

32. जोड़ी खूबसूरत एक

आज मैं एक कविता कहूंगा,
जो शायद मेरे दिल के थोड़े करीब है,
दो लोग हैं मेरी जिंदगी में ऐसे,
जो मिले जरा नसीब से है।।1।।

घर में हैं एक शख्स निराले,
जिनको मिली संज्ञा पिता की,
एक बार बस बोल जो दूँ,
तो दुनिया कदमों में हाजिर हो जाती।
आदमी वो है बड़े दानवीर,
कर्ण को आज ठुकराता हूँ,
ये काँटों पर चलकर फूल बिछाते,
ये बात भी पहचानता हूँ।
किसी दिन जो चाँद माँग लूँ,
तो तोड़ के वो भी लाएंगे,
कठिनाई जो छूले मुझको,
ये चीर के उसको आएंगे।।2।।

अब आता हूँ एक और हस्ती पर,
मैं प्यार से जिनको माँ बुलाता हूँ,
सिर्फ एक पुकार जो मैं दे दूँ,
तो सामने इनको पाता हूँ।
खाना इतका ऐसा मानो स्वर्ग से सीधा आया हो,
भावनाएं है गंगा जैसी,
शीतल जिसकी काया हो,

इतिहास में ऐसा दिन न आया,
तकलिफ देकर मुझे कोई इन से भी बच पाया हो
मैं जो यदी बस यह कह दूँ ,
कि मुझे जरा खरोच है आई,
कई बार तो ये तक लगता,
कि ये जैसे डॉक्टर की डिग्री लेकर आई।।3।।

सोचता हूँ कभी-कभी,
कि पढ़ाई कर कोई अलग दुनिया बसाऊँगा,
पर फिर लगता है डर इसका भी,
कि दूसरे शहर में,
आप दोनों के बिना कैसे जी पाऊँगा,
है ये मेरा पर सपना
कि मेरी दुनिया आप दोनो संग क्या बिता मैं सकूँ
दुनिया में परिवार सबसे आगे,
ये बात सबको सिखला मैं सकूँ।।4।।

33. वसुधैव कुटुंबकम

क्या जानता है तूं बंदे,
भगवान का दिया एक खूबसूरत तोहफा,
बनाए उसने अच्छे इंसा भी,
सिर पर बाँधा जिन्होंने, इंसानियत का साफा।।1।।

कान खोलकर सुन लो तुम,
आक्रोश मुझे तब आता है
आगे मीयाँ-मिट्ठू बनकर,
पीछे से जो अलग बातें पकाता है।।2।।

चलो अब मैं एक विनती करता हूँ,
देश की बुरी हालत पर मैं,
अक्सर आहे भरता हूँ।
तुम अपनी जिंदगी में, सब पर प्रेम लुटाना,
जाओ जब इस दुनिया से,
कुछ रिश्ते बनाते जाना,
वसुधैव कुटुंबकम की बेला को,
तुमको है आगे बढ़ाना।।3।।

34. माँ की परछाई

माँ होती है क्या ये तुम मुझसे पूछो,
खोजी बनने का बहुत शौक है तो,
माँ के अंदर अच्छाई खोजो।।1।।

क्या माँ सिर्फ खाना पकाती हैं,
यदि हाँ तो तुम से बड़ा मूर्ख कोई नहीं।
अरे माँ तो एक डोर है जो,
ख़ुशियों को थामे रखती है
कहीं जो भटकने लगे तुम,
तो सीख वही तो देती है।।2।।

कहते हो तुम,
मेरी माँ बड़ी कठोर है,
जब देखो मुझको ताने देती है,
पर जरा सा खाना बिगड़ने पर,
वो कितना कुछ सहती है तुम सह पाओगे,
अगर ममता को आज कठोर कहा,
तो कल जरूर पछताओगे।।3।।

35. पिता एक सहारा

आओ तुम्हें ले चलूँ पाठक,
एक पिता के अंतर मन में,
क्या सोचता है वो अपने परिवार के लिए,
उस एक सदन में।।1।।

जैसे ही महीने की तनख्वाह,
आती है इनके हाथ में,
सोचते है सबसे पहले ये,
''परिवार के लिए क्या करूँ इसके साथ मैं''।।2।।

इतने पैसे से पत्नी की रिंग,
इतने पैसे से फीस,
इतने पैसे से आएँगे खिलौने,
कुछ बचा नहीं पर,
अगली बार जरूर खरीदूँगा,
अपने लिए कमीज।
देख रहे हो पाठक,
एक बार फिर इस नायक ने
कर दिया सब कुछ परिवार के नाम।
वादा करो तुम मुझसे पाठक,
कुछ भी भूलो,
नहीं भूलना अपने पिता का नाम।।3।।

36. मेरे दादा जी की कहानी

क्या जानते हो पाठक,
एक पूरी कहानी की किताब है,
जो खुद ही कहानी बताती है
खुद भले ही रो दे कभी,
पर अपने बच्चो को ये रोता नहीं देख पाती है।।1।।

ये इंसानी किताब तो देखो,
है मेरे ही दादाजी,
प्यार का असली मतलब,
इन्हीं को ही तो पता है जी।।2।।

कहानी सुनाते लाड़ लड़ाते
हंसते खेलते मनुष्य थे
वो जितने भी राज़ थे उनके दिल में,
मुझी को तो बताते थे वो
उनका ही आदेश मान,
मैं आज कुछ लिख पाया हूँ,
मेरे दादाजी की कहानी,
मैं उन्ही के कारण सुना पाया हूँ।।3।।

37. मेरी दादी माँ

एक हैं मेरे घर में दादी
जिनकी मीठी बोली है,
भगवान की जो भक्त सदा से,
दिल की एकदम भोली हैं।।1।।

मैं उनका हूँ प्यारा पोता, वो हैं प्यारी दादी,
खुश हो जाता दिल ये मेरा,
जब वो पास मेरे आ जाती।।2।।

खुश नसीब हूँ मैं बहुत,
जो ऐसी दादी पाईं,
दादी नाम का असली मतलब,
वहीं तो समझा पाईं।।3।।

38. नाना जी मेरे बड़े निराले

आओ पाठक अब सुनो जरा,
मेरे नाना जी की गाथा,
अनुशासन की सूरत जो,
उन महान पुरुष की गाथा।।1।।

मेरे नानू बड़े सयाने,
गणित है उनकी अंगुलियों पर,
डाँट प्रेम दोनों ही चरते,
इनके ह्रदय तल पर
जो भी हो।
मेरे नानू मुझसे प्रेम बहुत करते हैं,
जाऊँ जब भी गांव छोड़ कर
वो भी आहें भरते है।।2।।

39. नानी जी मेरी अनोखी

चलो पाठक अब जरा और आगे,
मेरी नानी संभालती प्यार के धागे।
और देखो मेरी नानीजी को देखकर,
बुराई भी दुम दबाकर भागे।।1।।

उनके ह्रदय तल में भी,
प्रेम अनोखा चलता है,
छुट्टियों में उनके घर जाने में,
मजा अधिक मुझे आता है।।2।।

अब मैं देता हूँ विराम जरा अपनी वाणी को,
है तुमसे ये प्रार्थना ईश्वर,
तुम खुश रखना नानी को।।3।।

40. मेरा एक है दोस्त निराला

सुनो गौर से दुनिया वालों,
एक बात अपने जहन में डालो
अलग न हमको कर पाओगे,
दोस्त की असली मिसाल,
तुम मेरे यार के पास ही दे पाओगे।।1।।

मेरा यार, मेरा दोस्त कहलाता है,
सच कहूँ, मुझे भी कभी-कभी बहुत पकाता है
पर देखे जो जरा भी निराश मुझे,
तो जी भर के हँसता है।।2।।

एक बात मैं कहूँ तुमको
कहीं भूल तो नहीं जाओगे,
दोस्त नही बनाओगे तो,
खुदको ज़रूर तन्हा, अकेला पाओगे।।3।।

41. अपने परिवार से जो सीखा मैंने

अब आओ तुम्हें एक सीख दूँ,
जो चीजें परिवार है सिखाता,
माने जो भी ये बातें,
वो ही परिवार को समझ पाता।।1।।

क्या कभी है देखा तुमने,
अपने परिवार को काम टालते, बहाने बनाते,
यही है मेरी पहली सीख,
सीख ले मेरे यारा, परिवार की इस आदत को,
खुद में उतार ले मेरे यारा।।2।।

एक सीख और भी है,
सीख लो ये भी अब तुम,
परिवार ने जैसे प्यार दिया तुमको,
उसी प्यार को सब में अब बाँटो तुम।।3।।

42. प्यार परिवार से

अब चलो तुम्हें पाठक,
एक और कहानी सुनाता हूँ,
परिवार के प्रेम को मैं,
अपनी कविता के द्वारा समझाता हूँ।।1।।

एक बार की बात है,
प्रभात नाम का एक था लड़का,
लड़ता था बस परिवार से,
फिर भी उसका परिवार,
प्रेम भी ज्यादा उसी से करता।।2।।

आया फिर एक दिन अनोखा,
जब मुश्किल में आया प्रभात,
जिन मात-पिता से था लड़ता,
पावों में उन्हीं के गिरा प्रभात।।3।।

करुणा तो देखो परिवार की फिर भी,
भूलचूक सब कर दिया था माँफ़,
प्रभात ने भी फिर माँफी माँग कर,
अपने मन को कर दिया था साफ।।4।।

सुनो–सुनो तुम ओ पाठक,
यही कहलाता है परिवार,
वक्त मे यदि कभी बिगड़ भी जाए,
तो भी देखो अगले पल ही,
बन जाते है वो तुम्हारे यार।।5।।

नमस्कार मित्रों,

अभी आपने जो अध्याय पढ़ा वो मेरी मेरे परिवार के प्रति एक भावना को आप सबके साथ बाँटने के लिए ही मैंने लिखा और बनाया है। इस अध्याय प्रस्तुत हर कविता आपके मन में आपके परिवार के प्रति सम्मान की भावना को जगाने के लिए मैंने लिखा है अगर मैं ऐसा करने में सफल रहा तो मेरा अध्याय लिखने का उद्देश्य सार्थक है और यदि ऐसा नहीं हुआ है तो शायद मेरी कविताओं में कुछ कर कमी हो सकती है। इस अध्याय को पढ़कर आपने परिवार का महत्व जान ही लिया है। तो अब इसी बात की खुशी में अगले अध्याय की ओर प्रस्थान करें।

आपका शुभ चिंतक,

सूर्यांश झा ''उदित''

अध्याय 5

कोई अपना सा लगता है

43. तुम मिली थी जिस दिन

वो हसीं समा,
वो क्लास का पहला दिन,
आईं थी जब मेरे सामने,
पहली दफा तुम मिली थीं जिस दिन।।1।।

वो वक्त चाहता हूँ फिर से जीना,
जिस वक्त मैनें तुम्हारे काले-लंबे बाल थे देखे,
वो वक़्त आए फिर जिंदगी में,
जिस वक्त तुम्हारे मखमली गाल थे देखे।।2।।

वो वक्त फिर गुजरे, मेरे सामने से,
जब तुम्हारी आँखों को छुआ था, मेरी आखों ने।
वो होट मुझे आज भी हैं याद,
जिन्होने मेरा नाम पुकारा था,
याद है वो आवाज़ अभी,
जिसने मेरा दिन संवारा था।।3।।

हाँ। हो गया था प्यार मुझे भी,
एक अनजानी सी लडकी से,
जिसके गुस्से में भी मीठे बोली,
उस कोयल सी बोली से।।4।।

44. तुमसे जब की पहली बात

आज तुम्हें कुछ याद दिलाऊंगा
जब की थी तुम से पहली बात,
अगर रही हो पढ़ तुम मेरी कविता,
तो शायद कुछ पल तुम भी,
जरूर करोगी याद।।1।।

याद हैं क्या तुम्हें,
वो चार जुलाई का दिन
पहली बार जो बात हुई थी,
हमारे बीच उस दिन।।2।।

याद है क्या वो नाम तुम्हें,
जो नाम तुमने मुझे था दिया,
मिस्टर अथॉरिटी के नाम से
जब तुमने सम्मानित था मुझे किया।।3।।

नहीं पता क्या याद तुम्हें,
पर इतना जरूर जानता हूँ
प्यार तो तुम्हें भी था मुझसे,
बस जान नहीं पाया मैंने,
तुम इतना बदल गई कब से।।4।।

45. कुछ है जरूर दिल में समाए मेरे

जानते हो क्या तुम,
दुनिया का सबसे बहुमूल्य सोना,
है तो सभी के पास और,
नाम है उसका दिल का कोना।।1।।

पर है इस कोने में बहुत कुछ जनाब,
ये दिल तो है कवि की खुली किताब,
पर है यह वही किताब जिसको,
खुद कवि तक न पढ़ पाया,
है बहुत-सी गुत्थियाँ इसमें,
कोई है जो आज तक इसको सुलझा पाया।।2।।

मैं तो मामुली कवि
नहीं,
जानू क्या है दिल में तेरे,
दफन है लेकिन ये बात कहीं,
कि कुछ तो है जरूर दिल में समाए मेरे।।3।।

46. शाबाश मेरे दिल

शाबाश मेरे दिल,
जो तूने इतना कुछ सहा,
पर एक लव्ज तक न कहा।
जब पता चला प्यार का,
तब बिछड़ने का भी जिक्र हुआ,
पर फिर भी जाने कैसे तू,
इतना शांत व बेफिक्र हुआ।।1।।

पहले लगता था मुझको,
तुझमें कितनी है बुराई,
पता चला तेरी ताकत का,
जब वो सामने मेरे आई।।2।।

एक दिन तूने कहा,
कि जा तूँ उसको सब कुछ बोल दे,
मेरे अंदर जो कुछ दफन है,
जाकर वो सारे राज खोल दे।।3।।

न तेरी कोई गलती,
न उसका कोई कुसूर था,
वो तो किसी सरफिरे को,
मेरा रिश्ता तुड़वाने का उसूल था।
रोते-रोते वो बोली -
"समझते क्या हो अपने आपको"
आज बता दूँ उसको,

मेरी सफलता के पीछे आप हो।।4।।
खैर,
मेरे दिल ने ये सब डट कर सहा,
गलती किसी और की,
फिर भी सब कुछ खुद सुनता रहा,
आज मैं कहूँगा, तू है थोड़ा नादान मेरे दिल,
पर प्रेम भूमि में डटे रहने के लिए,
शाबाश मेरे दिल।।5।।

नमस्कार मित्रों,

"कोई अपना सा लगता है" ये जैसा कि आप जानते है इस अध्याय का नाम है। प्यार, ये शब्द अगर दुनिया से विलुप्त हो जाए तो इंसानों का भी अंत निश्चित है मैं क्यों कह रहा हूँ, ये बात सिर्फ वही व्यक्ति समझ सकता है जो इस शब्द प्यार का सही मतलब जानता है। इस शब्द का मतलब है किसी को दिल से चाहना, उसे अपना मानना। इस हिसाब से आप समझेंगे कि आप अपने परिजन से, अपने शिक्षकों से और अपने जीवन साथी से प्यार करते हैं विचार के साथ, अब आगे।

आपका शुभ चिंतक,

सूर्यांश झा "उदित"

अध्याय 6

भारत मेरे दिल में

47. ऐसे थे वीर शिवाजी

एक समय था जब मुगलों ने,
देश हड़पने की ठानी थी,
देश में हाहाकार मच गया,
सबने हिम्मत हारी थी।।1।।

तब आया एक वीर मराठा,
देश में भगवा फिर लहाराते,
स्वराज का सपना दिन-रात लिए,
जो था सीना ताने।।2।।

माँ थीं जिसकी जीजाबाई,
पिता थे साहाजी,
देश की रक्षा करते देखो,
आ गया था शिवाजी।।3।।

रण में सबका काल था जो,
माटी को पूजता जो था,
हँसते-हँसते जो मिट गया,
शिवाजी वो मस्ताना था।।4।।

48. दशा हमारे भारत की

आओ सुनाऊँ एक कटु सत्य भारत का,
जहर घोलने सच का गला घोटते,
काले झूठे गलियारों का
छिपती,
जहाँ सच्चाई झूठ शिविर में,
जहाँ कायर झूठा अकबर कहलाता अमर है,
है आज भी थाली खाली उनकी,
जिनकी मेहनत आज भी अटल है।।1।।

खुश नहीं आज भी बेटियाँ,
सम्बल ने उनको चुप रखा है।
अधर्म का सहारा लेकर,
धर्म को खुद पर छाप रखा है।
जलते जोहर आज भी हैं,
पर राजा ने खुद को शाँत रखा है,
आज भी कुछ राक्षसों ने,
अधर्म का रास्ता भाँप रखा है।।2।।

है ये अचंभे की बात-बात,
यहाँ लाशें मिलती रात-रात,
लुटती है इज्जत साथ-साथ,
है सबकी पैसों पर घात-घात,
पड़ती पेटों पर लात-लात,
फिर भी कायर नेता बनते रातों-रात।।3।।

हे ईश्वर।
रहम कर, इस पाप को तू आज ही खत्म कर,
ले अब धरती पर जल्दी अवतार,
रहेगा बे सबरी से तेरा इंतेजार।।4।।

49. किसान एक उम्मीद

अच्छी जिंदगी के लिए बोया बीज है किसान,
हर दिन को बेहतर करने वाला सजीव है किसान,
खून-पसीना एक कर खेत सींचने वाला वीर है किसान,
जीने की सच्ची उम्मीद है किसान।।1।।

खुद भूखा रह कर देश को खिलाने वाला है किसान,
देर रात काम करके भी समय का पाबंद है किसान,
अपनी सेहत की परवाह न करने वाला दृढ़निश्चयी है किसान,
जीने की सच्ची उम्मीद है किसान।।2।।

विद्यार्थियों के लिए सफलता की प्रेरणा है किसान,
हर भारतीय के लिए कर्मवीर है किसान,
खुद निर्वस्त्र रहकर भी सबको वस्त्र पहनाता है किसान,
जीने की सच्ची उम्मीद है किसान।।3।।

रातभर जाग कर सबको सुलाने वाला निडर है किसान,
कल को बेहतर बनाने वाला उत्कृष्ट नायक है किसान,
अपनी जिंदगी कुर्बान करने वाला सर्वव्यापि है किसान,
जीने की सच्ची उम्मीद है किसान।।4।।

50. मजहब के नाम पर क्यों सबको बाँटते हो?

कल तक सब एक थे,
अब क्यों सब अलग रहते हो?
मज़हब के नाम पर,
क्यों सबको बाँटते हो?।।1।।

जब सबके भगवान एक,
तो दंगे-फसाद क्यों मचाते हो?
मजहब के नाम पर,
क्यों सबको बाँटते हो?।।2।।

कुरान और गीता देते एक सीख,
फिर क्यों धर्म में फ़र्क करते हो?
मज़हब के नाम पर,
क्यों सबको बाँटते हो?।।3।।

अगर मिटाने का इतना ही शौक है,
तो दूरियाँ क्यो नहीं मिटाते हो,
मजहब के नाम पर,
क्यों सबको बाँटते हो?।।4।।

51. हिंदू त्यौहारों पर सवाल क्यों?

एक समय था जब,
हम हर मजहब का त्यौहार मनाते थे,
दीवाली हो या ईद,
मिठाइयाँ हम बटवाते थे।
लेकिन किसी सरफिरे ने,
कोई जादू चला डाला,
मज़हब सारे अलग हुए,
और त्यौहार को भी भेद डाला।।1।।

अब न ईद पर हिंदू गले लगाते हैं,
नही मुसलमान दीवाली पर पटाखे जलाते है,
न जाने सबको क्या हुआ,
अब सब त्यौहार अलग मनाए जाते हैं।।2।।

अब अगर हिंदू दीवाली पर पटाखे जलाएँ,
तो उन्हें प्रदूषण का कारण मानते हैं,
वहीं, जब एक मुसलमान गाय माता को मारे,
तो उसे एक त्यौहार मनाने का तरीका बताते हैं।।3।।

अब ऐसे में एक सवाल उमड़ आता है,
और मेरे दिमाग से बार-बार यही पूछता है,
हर त्यौहार सबसे अलग क्यों?
हर हिंदू त्यौहार पर ही सवाल क्यों?।।4।।

52. बापू क्यों आपने हमको बाँटा

आलम था आया जब आजादी का,
तो आपने खाया था दोनों गाल पर चांटा,
पर जब बताई जिन्नाह ने कुछ चिकनी चुपड़ी बातें,
तभी बापू क्या आपने हमको बांटा।।1।।

दिखाया था जो सपना एकजुटता का,
क्यों आपने उसे सरे आम काटा?
सिर्फ उस शातिर जिन्नाह की बातों में आकर
ऐ बापू, क्यों आपने हमको बांटा।।2।।

जिन्होंने अस्त्र-शस्त्र उठाए,
क्यों आपने उन्हीं की जिंदगी का किया घाटा?
सिर्फ उस अड़ियल जिन्नाह की बातों में आकर,
ऐ बापू, क्यों आपने हमको बांटा?।।3।।

जिन्होंने लूटी सबकी जिन्दगी,
क्यों नहीं मारा उनको एक ज़ोर का चाँटा,
सिर्फ उस बेवकूफ़ जिन्नाह की बातों में आकर,
ऐ बापू, क्यों आपने हमको बाँटा?।।4।।

53. भारत : एक सुनहरा अतीत

कभी-कभी मन में ये खयाल आता है,
काल अपने आपको दोबारा क्यों नहीं दोहराता है।
भारत का सुनहरा भूतकाल,
क्यों सबको वापिस नहीं दिखलाता है?।।1।।

शिवाजी, लक्ष्मीबाई, कुंवरसिंह की धरती है भारत,
राम, कृष्ण पुरुषार्थ की व्याख्या है भारत,
बहादुरी का प्रत्यक्ष उदाहरण है भारत,
वेदों की वाणी भी सिखलाए भारत।।2।।

शून्य से सौ की यात्रा को दर्शाये भारत,
विज्ञान को ज्ञान की भाषा भी समझाये भारत,
विश्वास को जो विश्व-खास बनाए,
वो आत्मविश्वास है भारत,
दुनिया के हर ज्ञान की नीव है भारत ।।3।।

सावधान! अब भारत है संकट में,
डर घर बना रहा हर भारतीय के मन में,
अब है हमारे हर भारतवासी की ये जिम्मेदारी,
साझेदारी ही अब दिलाएगी,
भारत की को फिर दुनिया की भागीदारी।।4।।

54. मैं खेलता कूदता भारत हूँ

आज तुम जिस भी गली जाओगे,
हम को खेलता हुआ पाओगे,
देखोगे देश के प्रति हमारा समर्पण,
जब तुम हमारे देश भारत आओगे।।1।।

खेल है एक खिलाड़ी का खाना-पीना,
उसके बिना है मुश्किल,
एक खिलाड़ी का जीना,
खेल के लिए हमें हमेशा मेहनत करता हुआ पाओगे,
जब तुम हमारे देश भारत आओगे।।2।।

मैं भारत नहीं हूँ कल का,
अब अपना सुनहरा कल बताऊँगा,
मैं खेलता कूदता भारत हूँ,
अपने देश की शान को जरूर बढ़ाऊँगा।।3।।

55. अधर्म युग में धर्म संवाद की विचित्र कथा

मैंने अपने शिक्षक से,
पूछा एक सवाल,
क्यों है हमारे देश में,
धर्म पर इतना बवाल?।।1।।

शिक्षक हुए थोड़ा चिंतित,
पर न होने दिया मुझे अपने जवाब से वंचित,
जवाब क्या था वो भी जल्द बताऊँगा,
पर पहले धार्मिक काला चिट्ठा,
सबके सामने लाऊँगा।।2।।

धर्म संवाद है वो कीड़ा,
जो दे रहा सबको पीड़ा,
मौलाना न खुश यहाँ पर,
न करता हिंदू बच्चा क्रीड़ा।
धिक्कार है मुझपे,
अगर ये झूठा खेल देश में चलता रहा तो,
धिक्कार है मुझपे,
अगर ये देश इसी तरह झुकता रहा तो।।3।।

इस झूठे किस्से को यहीं ख़त्म कर जाउँगा,
वरना हँसते हँसते देश के कफ़न में,
गहरी नींद सो जाऊंगा।
लेकिन, मरने से पहले मैं हिंदू मुस्लिम एक करके जाऊंगा,
यही वादा मेरा,
और यही पक्का इरादा है मेरा।।4।।

अब आता हूँ अपने,
श्रीमान शिक्षक के नज़रिए पर,
क्यों थे वो इतने चिंतित,
उस बात के सरिए पर,
कहा था उन्होंने उत्तर,
अपना मुँह मोड़ के,
उत्तर देने से पहले,
अपना मत झंझोड़ के -
है ये विफल कामना तुम्हारी,
कि होगी नहीं धर्मो की मारा-मारी,
ये भारत भले ही एक है,
पर धर्म, ये तो अनेक है।।5।।

फिर मैने कहा दृढ़ निश्चय से,
भारत कल भी एक था,
वो रहेगा आगे भी,
धर्म तो बस एक साक्षी ही है संस्कारों का,
जो कल भी साथ था हमारे,
शायद रहेगा आगे भी
बस एक जुटता की है जरूरत,
मिटाने धर्म संवाद की काली फितरत।।6।।

56. चंद्रभूमि का नया आगंतुक

हरषित, पुलकित दिल ये मेरा,
चंद्रयान देख रहा चाँद का सवेरा,
चार साल का विकसित बच्चा,
चाँद के हर एक गुण को खोजे,
चाँद की शीतल सतह पर,
एक दिन हम भी मारेंगे मौजें ।।1।।

कंप्यूटर हो या मशीन हो,
या हो कोई मकान,
हर चीज़ में हमारा हो रहा सम्मान,
अब हर समय दिल से निकले,
मेरा भारत महान।।2।।

जब इतना कुछ पा लिए है हम,
सबको पीछे छोड़,
चाँद पर फतेह भी करली हम ने,
विज्ञान का मुँह मोड़ ।।3।।

57. भास्कर पर फ़तह की बारी

चंदा मामा को गले लगा लिया,
अब सूरज चाचू से मिलने को तैयारी है,
धूल चाँद की माथे पर लगाकर,
अब भास्कर पर फतेह की बारी है।।1।।

कल जिंहोने कहा था,
ये भारत तो धूल का व्यापारी है,
उनको ही मैं कह दूँ आज,
भाईयो हमारी इसरो के वैज्ञानिकों से यारी है।।2।।

मंगल घूमे चाँद घूमे,
अब अपने आदित्य भाई की बारी है,
तुम बनाते रहना चित्र सूरज का,
हमारी दिनकर से दोस्ती जारी है।।3।।

सुन लो मेरे देशवासियों,
अगर मातृभूमि तुमको प्यारी है,
बचाकर रखना मिठाईयां और ढोल-नगाड़े क्योंकि
अब भास्कर पर फतह की बारी है।।4।।

58. मेरा देश भारत, मेरा दिल भारत

भारत एक शब्द अनोखा है,
तुम कब तक इसको नीचा दिखाओगे
एक दिन ऐसा जरूर आएगा,
जब तुम खुद को भारत प्रेमी पाओगे।।1।।

यहाँ क्या नहीं है तुम ही बताओ,
भारत के कुछ अवगुण,
मुझे भी तो समझाओ,
ऐसी स्थिति में तुम चुप हो जाओगे,
जब तुम मेरा भारत जानोगे।।2।।

एक सीख मेरी कविता से,
आज लेकर जाना,
भारत बसता दिलो जान में,
ये बात तुम समझ जाना।।3।।

नमस्कार मित्रों,

इसी के साथ आप मेरे लिए एक और अध्याय को पढ़ने में सफल रहे। आपके बोलने से ही झलके ऐसा कतई जरूरी नहीं। देशभक्ति सिर्फ मेरे लिखने या मेरे मतानुसार, देशभक्ति एक ऐसा एहसास है जो आपकी आँखों में आँसू ला सकती है या कई बार आपको गर्व करने का मौका भी दे सकती है। लेकिन कई बार हम देशभक्त बनने तो चल देते है लेकिन समय के साथ देश विरोधी बन जाते है। मेरा उद्देश्य भी बस आपके अंदर के देश-विरोधी को निकालना ही है। इसी के साथ अब अगले अध्याय की ओर बढ़ने का तैयारी करें।

आपका शुभ चिंतक,

सूर्यांश झा ''उदित''

अध्याय 7

जीवन प्राकृतिक जो हो जाए

59. क्यों पेड़ों से रूठा जहाँ

क्यों पेड़ो से रूठा जहाँ,
ढूंढू कहाँ तक वृक्षो की छाया को,
उठाऊँ अपनी नज़रे कहाँ-कहाँ।।1।।

है बची सिर्फ धूल वहाँ,
जहाँ थे होते तरु के फूल कभी,
है बंजर जमीन वहाँ पर,
जहाँ थका मुसाफिर करता था विश्राम कभी।।2।।

अभी भी समय है,
जागो मुसाफिरों,
अगर अपनी जान हो तुम्हें प्यारी,
तो रक्षा करने को पेड़ की,
प्रदूषण को त्यागो मुसफिरों।
नहीं तो कल को तुम भी यह सवाल पूछोगे,
ऐ मनुष्यता तू है कहाँ?
क्या पेड़ों से रूठा जहाँ?।।3।।

60. मैं मासूम हूँ, मुझे मत मारो : जानवर

ऐ इंसान नादान मत बनो,
अपनी कुछ जरूरतों के लिए,
मेरा शिकार मत करो।
मैं मासूम हूँ,
मुझे मत मारो।।1।।

खुद को वीर दिखाने के लिए,
मेरा इस्तेमाल न करो।
मैं मासूम हूँ,
मुझे मत मारो।।2।।

मुझे एक तरफ माँ बताकर,
पीठ पीछे मेरा ही माँस मत खाओ।
मैं मासूम हूँ,
मुझे मत मारो।।3।।

देश में प्रदूषण फैलाकर,
हमारा गला मत घोटो,
मैं मासूम हूँ,
मुझे मत मारो।।4।।

61. क्या बुराई है मुझमें?

जानवर : ऐ इंसान तू कितना बदल गया,
जिसकी थी ये दुनिया सारी,
उसी को निगल गया।।1।।

इंसान : न चला सके ये दुनिया,
न तू कुछ बोल सके,
तेरी है ये मजाल!
हैं खाता तुझको देते क्या इतना काफ़ी नहीं,
तुझको क्यों आसरा दूँ?
जब मुझे तेरी जरूरत नहीं।।2।।

जानवर : न भाई,
मुझे नहीं है कोई आशा,
मेरे बिना ये दुनिया हो जाएँगी सूनी,
बस इसी बात की है निराशा।
बस एक खोट है तुझमें ओ इंसा,
चाहिए तुझे हर चीज में मुनाफ़ा,
बगैर दिये हमे कोई हिस्सा।।3।।

62. मैं कली फूल की

नमस्कार मैं कली बोल रही फूल की,
अभी जरा मैं छोटी हूँ,
लेकिन मेरे मित्र हैं बोलते,
उनसे सुंदर मैं बनकर आई हूँ।।1।।

अगर मैं कुछ कहूँ अपने बारे में,
तो शायद घमंडी कहलाऊँगी,
लेकिन यदि अच्छा फूल बनता है मुझे तो,
अपने बारे में आपको जरूर बताऊँगी।।2।।

मैं हूँ कली उस फूल की,
जिसमें काँटे भी साथ उगते हैं,
बताओ-बताओ कौन-सा फूल है वो,
जो अनेक दिलों को भी जोड़ते हैं।।3।।

चलो अब तुम जरा सोचो,
जब तक मैं आराम करती हूँ।
लेकिन अपने बड़े होने का,
इतजार में जारी रखती हूँ।।4।।

63. मैं मजबूत तना हूँ पेड़ का

मैं हूँ कौन जरा सुनो-सुनो,
पेड़ का मजबूत तना कहलाता हूँ,
पेड़ का एक अहम हूँ हिस्सा,
उसका भार अकेले में संभालता हूँ।।1।।

पेड़ को ऊँचाई तक मैं पहुँचाता हूँ,
उसकी उम्र कितनी हैं, ये भी तो मैं ही बताता हूँ,
मैं तुम्हें देता मदद पेड़ पर चढ़ने की,
मैं ही हूँ जो देता इज़ाजत,
पेड़ के फल तोड़ने को।।2।।

लेकिन न जानूँ मैं,
क्या है मुझमें ऐसी कमी,
जो झट से काट देते हो मुझको,
अपनी चंद जरूरतों के कारण,
ऐ मनुष्य, क्यों दो हिस्सों में बाँट देते मुझको?।।3।।

64. पत्ते की कहानी, उसी की जुबानी

नमस्कार है मेरा सबको,
पत्ता हूँ मैं छोटा सा,
हरियाली हूँ पेड़ को देता,
मेरा काम नहीं है खोटा सा।।1।।

मुझमें ही पानी बसता है,
पेड़ का खाना भी मुझसे ही बनता है।
फिर भी मेरी हर मेहनत को,
इंसान एक बार में विफल करता है।।2।।

है आशा यही ऐ इंसानों मेरी,
पेड़ नहीं अब काटोगे,
अपनी कुछ जरुरतों के कारण,
नहीं हमारा गला तुम घोंटोगे।।3।।

65. पक्षी है मेरा नाम

जानते हो तुम ऐ इंसा,
तुम्हें मुझसे भी कुछ सीखना होगा,
कठिन से कठिन परिस्तिथी में भी,
तुमको संयम रखना होगा।
आज तुम्हें मैं अपनी कहानी बताऊँगी,
कहानी सुनाके अपनी तुम्हें एक साहस की मिसाल दे जाऊँगी।।1।।

जन्म से ही सहती हूँ कई परेशानियाँ,
उड़ने के लिए तक खाती हूँ चोट,
पर यही देता मेरे साहस का परिचय,
नहीं आती फिर कभी मेरी उड़ान में खोट।।2।।

लेकिन ऐ इंसा,
तुमने यहाँ भी कर दिया मुश्किल जीना,
टावर के कारण उड़ नहीं पाती,
मुश्किल हो चला अब पानी तक पीना।।3।।

चलो अब जाना है मुझे,
जरा बातें करने क्षितिज से,
बस चाहूँगी एक वादा तुमसे,
कि जीने दोगे तुम हमें भी अबसे।।4।।

66. मैं वायु चंचल हूँ

चलो मित्र अब बात सुनो मेरी,
मैं वायु बहुत ही चंचल हूँ,
होती जहाँ है स्वच्छ प्रकृति,
सिर्फ वही मैं स्वछंद बहती हूँ।।1।।

मुझे नहीं कोई रोक सके,
मैं तो दिल की मनमौजी हूँ,
चाहूँ जहाँ से बह जाती हूँ,
मैं ही मनुज का जीवन हूँ।।2।।

बस एक बात सुन लो मेरी,
प्रदूषण से मेरा भी दम घुटता है,
अगर न रोकोगे अभी महाविपत्ती को,
तो महाविनाश का घर दिखता है।।3।।

67. नदी सा बहना सीखो

सूत्र सुन लो आज तुम एक,
अगर रहते हो परेशान सदा,
अगर आज कुछ सीख जो जाओ,
तो लोगे सदा जिंदगी का मज़ा।।1।।

देखी कभी है नदी क्या तुमने,
सदा वो बहती रहती है,
पत्थर कितने ही आजाएँ सामने,
क्या एक चूँ भी वो करती है।।2।।

तुम भी कुछ ऐसे बनो,
शांति से हुँकार भरो,
नदियों की भांति चलते रहो,
मुश्किल के पत्थर चीरते चलो।।3।।

68. ओस गिरा जब जमीन पर

एक दिन की बात है,
ओस की बूँद जब जमीन पर आई,
बस रख देने ही वाला था पैर उस पर,
पर उसने मुझे अच्छाई का रास्ता दिखाकर,
अपनी मुझे दास्ताँ बताई।।1।।

जब देखा उस नन्हीं बूँद को,
सोचा न पैरों तले दबने दूँगा,
कहानी जो है इसे बतानी,
मैं पूरे इत्मिनान से सुनुँगा।।2।।

कहा उस नन्हीं सी बूँद ने,
जब ओस बनकर उड़ रही थी मैं,
जमीन की ओर बढ़ रही थी मैं,
तब मिली मुझे एक सीख,
लो आज तुम्हें बतलाती हूँ,
ठंडे जो पड़ोगे तो गिरोगे नीचे,
ये बात सिद्ध कर जाती हूँ।।3।।

69. मुझे भी दे दो आसरा : जानवर

मैं हुआ करता था राजा एक समय,
फिर तुम जन्म लेकर आए दुनिया में,
भले ही छिन गया था मुझसे हर कुछ,
फिर भी दिखता था ईश्वर तुममें।।1।।

लेकिन काल ने किसी जन्म का,
ले लिया मुझसे बदला,
तुमको दे दी कुछ ऐसी ताकतें,
कि तुमने दूभर कर दिया जीना-मरना।।2।।

अब खाना नही है,
पीना नहीं है,
न है कोई आसरा,
फिर भी कर दो सिर्फ एक अहसान,
दे दो मुझको अपने मन में ही मकान।।3।।

70. पहाड़ों सा मजबूत है तू

पहाड़ों सा मजबूत है तू,
खुद के अंदर जरा झांक,
खुद को रख अंदर से अटल,
और मेहनत कर दुनिया से आगे भाग।।1।।

पहाड़ों को अगर देखोगे गौर से,
पहली नजर में पाओगे अटल सौम्य है वो,
देखेंगे वहाँ ठीक से थोड़ा,
सीखोगे कितना प्रबल है वो।।2।।

खुद में भी कुछ आदतें पाल,
अब तो तू सुधर जा यार,
पहाड़ सा विकराल है तू ये मत भूल,
मत भूलना ये भी कि,
पहाड़ सा मजबूत है तू ।।3।।

71. अग्नि का तेज देखो

आज चलूँ ले तुझे,
एक अग्नि के भीतर,
सिखाऊँ चल तुझे,
क्या-क्या गुण है इसके अंदर।।1।।

एक अग्नि में तेज है कितना,
समझ ले तू आज और अभी,
जला सकती वो कर दिखाने को चिंगारी तुझमें,
ताकि हारे नहीं तू दुनिया से कभी।।2।।

अब तू एक बात सुन ले,
अग्नि को अब कम न आंकना,
डरते रहेगा सदा दुनिया से,
यदि अग्नि के तेज को सहने से किया मना।।3।।

72. रेत सा समय फिसलता है

रेत को एक बार मेरे यार,
देखो जरा गौर से,
थोड़ी मिट्टी का जोर बढ़ा
पाएगा,
वो फिसलता है बड़ी ही तेजी से।।1।।

यही बात है आती तेरे कुछ सीखने की,
समय भी है कुछ इसी प्रकार का,
ये बात है तेरे जहन में उतारने की,
और तेरी जिंदगी अच्छे से संवारने की।।2।।

अभी से,
आज से तू लग जा काम पर,
रेत सा समय फिसला जा रहा,
करले आज ही काम अपना,
वरना पहुँचना मुश्किल है तेरा आसमान पर।।3।।

73. चींटी से सीख लो जरा

चलो आपको पाठक,
एक छोटे महानायक से मिलाता हूँ,
मेहनत की असल मिसाल है जो,
उसकी गाथा आज सुनाता हूँ।।1।।

चींटी से अगर कभी,
कोई चीज़ नही उठ पाती है,
वो करती रहती मेहनत मगर,
छोड़ कर्मभूमि कभी नहीं जाती है।।2।।

तुम भी आज एक सीख ले जाओ,
कर्मभूमि में डटकर रहना,
जैसे चींटी करती है मेहनत,
उसी तरह तुम भी मेहनती बन जाना।।3।।

नमस्कार मित्रों,

आपने अभी-अभी एक और अध्याय को पढ़ने का कार्य सफल कर लिया है। ये अध्याय आपको बस ये समझाने का कार्य कर रहा है कि हमारी जिंदगी में प्रकृति भी हमें बहुत कुछ सिखला सकती है, बस जरूरत है तो उसको देखने के नजरिए को बदलने की। जब आप ऐसा करेंगे तो जानोगे कि प्रकृति आपसे नहीं आप प्रकृति से बने है। बस यही कोशिश मेरी कविताओं ने आपके लिए की है। इसी सोच को आपकी सोच बनाने को चाहत में अब मैं आपको अगला अध्याय पढ़ने के लिए आमंत्रित करता हूँ।

आपका शुभचिंतक,

सूर्यांश झा ''उदित''

अध्याय 8

कुछ पन्ने मेरी जिंदगी के...

74. चलो आज खुद से मिलते हैं।

चलो, आज खुद से मिलते हैं,
दुनिया की फिक्र छोड़,
सोच की सैर पर निकलते हैं।
चलो, आज खुद से मिलते हैं।।1।।

सुना था बहुत लोगों से,
ये जिंदगी आसान नहीं।
चलो आज कुछ रास्ते ढूंढते हैं।
चलो आज खुद से मिलते हैं।।2।।

अब तक जो ख्वाब था दिल में,
वो फिर से उमड़ आया है।
चलो आज उनसे भी कुछ बातें करते हैं,
चलो आज खुद से मिलते हैं।।3।।

अब तक जो गलतियाँ की,
उनको अब सुधारने का वक्त आया है।
चलो इस पल का आनंद लेते हैं,
चलो आज खुद से मिलते हैं।।4।।

75. जिंदगी की भूमिका

किसने कहा तू है बेरोजगार,
भगवान को है तुझसे सबसे ज्यादा प्यार।
तुझसे हो रही है भूल,
जो तू रहा समझ अपनी काबिलियत को धूल,
तेरे बंद ताले की चाबी, खुद तेरे पास है।।1।।

तुझे भेजा है खुदा ने,
कुछ नेक काम करने को,
समस्त विश्व में तेरे नाम की खुशी भरने को।
तू है अनजान और बेजान,
तुझे करने है बहुत काम,
देश की रक्षा करने को।।2।।

सबकी जिंदगी में एक बार जरूर आती है,
तकलीफ की निशाएं,
पर मत भूलना तू ओ मेरे राही,
जिंदगी में तेरी भूमिकाएं।।3।।

76. श्रम का बुखार

है सुना बहुत बुजुर्गों से,
अनुभवियों के तजुर्बों से,
है उसी बंदे का बेरा पार,
जिसमें है जीतने की ललक
और श्रम का बुखार।।1।।

सपनों की सीढ़ी के लिए चाबी है जरूरी,
चाबी है सबके अंदर,
बस उसे खोजने से होगी हर मुराद पूरी,
तो श्रम की चाबी खोज मेरे भाई,
खुद पर मत बन बोझ मेरे भाई।।2।।

श्रम है वो अदृश्य ताकत,
बदल सकती है जो तेरी किस्मत,
सुनहरे कल का सूर्य है तू,
बस होनी चाहिए तुझमें,
श्रम के अद्भुत तेज को सहने की ताकत।।3।।

77. कामनाओं का बक्सा

कल मैंने एक ख्वाब देखा,
बुराई को मिट्टी में खाक देखा,
खुद को देखा आसमानों पर,
दरिया को नीचे साफ देखा।।1।।

फिर खुली जब आँख मेरी,
पाया खुद को उसी ढीली अवस्था में,
अनुशासन की हो आखरी सांस जहां,
उसी अंतर्मन की व्यवस्था में।।2।।

फिर देखा जब आईने में खुद को,
पता चली बहुत कामनाएं मुझको,
बदलनी जहां है मुझको दुनियाँ,
मानवता का पुल बांधना है,
खुशियों में खुश रखकर खुद को,
दुखड़े का हर दुःख काटना है।।3।।

है आशा यही मेरी,
मानवता फिर से जागेगी।
कामनाओं का बक्सा जब टटोलोगे,
रजनी फिर रंग दिखाते नजर आएगी।।4।।

78. वस्तु एक सीख

परेशान रहोगे हरदम तुम अगर,
अब वस्तुओं को समझा तुच्छ तो
अरे मूर्ख।
जिन वस्तुओं को समझता है तू भीख,
गौर करेगा तो जानेगा,
ये दे रहे तुझको जिंदगी की सीख।।1।।

मुझे है पता,
आज भी तूने की निंदा उनकी,
तुझे शक्तियों का नहीं है अंदाजा जिनकी,
क्योंकि कहने को तो नारियल भी कठोर होता है,
लेकिन फिर भी बाजार में कटा खुलेआम बिकता है।।2।।

तात्पर्य कहने का बस इतना ही है भाई,
गुस्से को जरा काबू कर,
वरना हो सकती है नारियल जैसे कटाई,
क्योंकि क्रोध ही मनुष्य से मनुष्यता को बांटता है।
और है एक वस्तु ही,
जो संसार में अपनी सीख द्वारा,
हर बुराई को जड़ से काटता है।।3।।

79. भविष्य की सीढ़ी

सुनते आए हम पीढ़ी दर पीढ़ी
कहते थे लोग जहां,
तू कर मेहनत और बना
अपनी खुद की भविष्य की सीढ़ी।।1।।

आया एक मुसाफिर पास मेरे,
पूछा ''क्यों है इस सीढ़ी का ऐसा नाम,
क्या दर्शाता है ये कुछ जीवन के बारे में,
या है इसका कुछ अलग ही काम''।।2।।

बोला मैं फिर जरा मंद मुस्काकर,
''इस प्रश्न का उत्तर खुद आप हो जनाब,
बस करना होगा आपको अपने,
दबे इरादों को बेनकाब ।
तो फिर उठाइए कदम और चुनिये उस सीढ़ी को,
जिसे पार करे जब आप,
तब याद रहे अरसों तक,
अपनी अपनी पीढ़ी को।।3।।

80. कामयाबी की सड़क है मेहनत

कामयाबी की सड़क है मेहनत,
थोड़ी मुश्किल है जरूर,
लेकिन एक जुनूनी इंसान के अंदर की,
धड़क है मेहनत।।1।।

गड्ढों से भरी एक चुनौती है मेहनत,
जीतने के बाद का एहसास है मेहनत,
हर किसी को जो न मिले,
वो ललक, वो आस है मेहनत।।2।।

हारने वालों में लगी आग है मेहनत,
सफल इंसान का राज है मेहनत,
आज और आने वाले कल को जो बेहतर बनाए,
वो जड़ी-बूटी, वो दवा है मेहनत।।3।।

कुछ बड़ा करने का ख्वाब है मेहनत,
देश संभालने की तलवार है मेहनत,
अमीर से गरीब के पास जो हो, वो जादू है मेहनत,
कामयाबी की सड़क है मेहनत।।4।।

81. बुराई : अंतर आत्मा की एक आवाज

आज बहुत अरसों बाद,
खुद को दिल के आईने में देखा,
मुड़ा जब खुद को संवार के,
पूछा अतीत के आईने ने,
तभी जरा खंगाल के।
''क्या है तू आज भी आलस के बंधन में,
क्या चल रहा है आज भी क्रोध के सड़े गठबंधन में,
क्या आई तुझमे क्रमबद्धता या झेल रहा है तू,
आज भी बाधकता,
क्या हुआ तू समय का पाबंद,
या है आज भी अकल के कपाट बंद।
क्या किया तूने अपने अंतर्मन का मुआइना,
पूछता हूँ मैं तुझसे अतीत का आईना''।।1।।

ये सारे सवाल सुन, हुआ मैं चकित,
बोला मैं फिर आईने से
''धन्यवाद, आईना ए अतीत''।।2।।

82. मौन

मन है मेरा मौन और मैं खुद भी थोड़ा मौन सा,
पर बातें सुनकर लोगों की खून उठ जाता है खौल सा,
मन कहता है शेर बन चीखूँ मैं चिंघाड़कर,
फिर भी कर शांति की कामना मैं,
रखता हूँ खुद को संभालकर।।1।।

और क्या कहूँ कुछ कहा नहीं जाता,
और अब मुझसे अपने दिल का दर्द,
सहा नहीं जाता।।2।।

83. कलम से जो मैंने सीखा

मैं और मेरा मित्र,
एक दिन बैठे थे गलियारे पर,
बोल उठा तब भी मैं कुछ,
कलम नामक सितारे पर।।1।।

दोस्त मेरा कुढ़ कर बोला - भाई!
तू कितना है पुराना,
अभी तक मान रखा है तूने,
कलम को ही सोना।।2।।

फिर हो उठा मैं क्रोधित,
और बोल उठा क्रुद्ध आवाज में,
''ये तो स्वयं ईश्वर है पास मेरे,
कलम के लिबास में।
हो जाए कितनी भी आधुनिकता प्रबल,
एक कलम ही है,
जो हमेशा बनाता तुमको सफल।।3।।

84. उदासी

ऐ मेरे मन,
उदास क्यों है तू?
मेरे होते हुए भी,
परेशान क्यों है तू।।1।।

सुनकर ये मेरा मन डोला,
फुलाकर मुंह गुस्से से बोला,
"तो मैं और क्या करूँ?
दूसरों की अभद्र भाषाएं,
कब तक सहता रहूँ"।।2।।

तब मैं बोला
"ऐ दिल तू बड़ा नादान,
मन को इतना भी न समझा पाया,
इन लोगों का तो काम है बस कहना,
तू तो है समझदार,
समझदारी दिखाकर चुप रहना, खुश रहना।।3।।

85. आशाओं का दीपक

क्या है तू मेरे दोस्त,
जरा टटोल के तो बता,
अपनी वाणी अपनी जुबानी,
अपनी कहानी बोल के तो बता।।1।।

तुममें होगी बहुत-सी खूबियाँ,
ये मैं बहुत खूब जानता हूँ।
लेकिन आशाओं का ढेर भी तुझमें,
आ तुझे उनकी सैर कराता हूँ।।2।।

तेरा हर कतरा चीख रहा,
"अब कुछ कर और आगे बढ़,
तू अपने सामने आ रही,
बड़ी चट्टानों को पार कर"।
जब तक तेरे अंदर जान है,
पलता रहे तब तक तेरें अंदर,
सपनों का बीजक,
जलता रहे तब तक तुझमें,
आशाओं का दीपक।।3।।

नमस्कार मित्रों,

जानकर ये बात कि आपने आज तक नहीं छोड़ा साथ।
मेरा दिल हुआ प्रफुल्लित, करके बुरे विचारों को विचलित।।

अच्छा लगा सुनकर की आप लोग मेरी जिंदगी के पन्ने पलटकर मेरे बारे में काफी कुछ जान चुके हो। इस अध्याय का उद्देश्य आपको मेरी जिंदगी के बारे में थोड़ा बहुत बताना था। इस अध्याय को जो समझा होगा, वह निश्चित ही मेरे महत्व को और मेरे व्यक्तित्व को जान चुका होगा। इसी विचार के साथ ''कलम शतक : भाग-1'' के आखरी अध्याय के दरवाजे आपके लिए खोल दिए गए हैं।

आपका शुभचिंतक,

सूर्यांश झा ''उदित''

अध्याय 9

हँस भी लो कभी-कभी

86. नत्थूलाल और मूंछ

नमस्कार है मेरा सबको, अपने गुरु का मैं चेला,
बोलते लोग प्रेम से सूर्यांश, पसंद है मुझको केला।।1।।

आओ सुनो अब कहानी हमारे, प्यारे नत्थूलाल की,
जिनकी मूंछ थी अतरंगी और टेढ़ी-मेढ़ी चाल थी।
जिनकी कभी अमिताभ जी मिसाल देते,
उस आदमी बेमिसाल की।।2।।

क्या लगता है तुमको आज भी,
ये मूंछे सदा से साथ थीं,
इनकी भी एक अलग है कथा,
लो सुनाऊँ तुमको आज ही।।3।।

ये बात है एक रोज़ की,
नत्थूलाल के आखरी मौज की,
जब आया उनके सामने,
एक नाटा बड़ी शान से।
"ऐ नत्थू तू तो शेर बनता है,
पर अपनी मूछों को उगाने से क्यों डरता है?
खा-पीकर बस ढोल ही बन जा,
तीस की उम्र में तू आज भी बच्चा लगता है।।4।।

ये सुनकर नत्थूलाल का मन डोला,
अपना अपमान सुन वो क्रोधित हो बोला,
''ऐ नाटे तू कद से छोटा है
और मन भी तेरा अधिक खोटा है।
लगता है किसी ने ठीक ही कहा है,
कभी-कभी मित्र कुछ ज्यादा ही सच्चा होता है।
मेरी खातिर तू थोड़ी झूठी तारीफ़ भी न कर पाया,
उल्टा तूने मुझे मेरा ही दर्द याद दिलाया।।5।।

यह सब कह चला नत्थू,
बाबा चूरनदास के पास,
चूरन खाकर हवा छोड़ते,
फर्जी नाटक बाज के पास।।6।।

जा बाबा के सामने,
नत्थूलाल ने अपनी व्यथा सुनाई,
ये सब सुनकर खुद बाबा ने भी,
खूब उसकी खिल्ली उड़ाई।।7।।

ये देख सामने बैठा नत्थू, क्रुद्ध भाव से खड़ा हुआ।
फिर कहा क्रोध में आकार उसने
''आपका कुटिल चरित्र आज सिद्ध हुआ''।
मैं बोला ''उपचार करो या हँसकर प्रतिकार करो?
चलो अब जल्दी उपचार बताओ,
मेरी मूँछों का ताव बढ़ाओ।।8।।

ये सुनकर चूरनदास ने,
निकाला चुरन का एक डब्बा,
चल दिया नत्थूलाल पूछे बिना,
कि इसको खाना कब-कब था।।9।।

अगले ही दिन नत्थूलाल का घर, हुआ हवा से सुगंधित।
पर हुई अच्छी बात ये कि, चूरन ने अपना असर दिखाया
और नत्थूलाल की मूछों को, आखिर हरा-भरा उसने बनाया।।10।।

87. एक आश्रम दो गुरु

आओ सुनो अब एक कहानी,
एक गुरु और शिष्य की,
शिष्य नहीं आफत की पुड़िया,
परेशानी गुरु वशिष्ठ की।।1।।

कहने को आश्रम गुरु के अधीन था,
लेकिन न जाने कैसे उसमें,
घुस आया एक पंछी स्वाधीन था।।2।।

सवालों का वो पिटारा था,
सिर्फ सवाल ही उसको प्यारा था,
पूछ-पूछ कर सवाल,
सबका वो सिर खाता,
लेकिन अतरंगी सवालो से इसके,
हर व्यक्ति अपना सिर खुजाता।।3।।

एक दिन गुरु हुए परेशान,
और बोले क्रुद्ध आवाज में,
अपनी अक्ल तू आया छोड़कर,
न जाने किस आवास में।।4।।

ये सुनकर छात्र बोला शांत मन से,
''ज्वाला क्या भरी है आपमें जन्म से,
मेरी मन की मानें तो,
हर दिन दूध के मटके का सेवन किया कीजिए,

और हो सके तो जरा शाँत भी रहा कीजिए।
कभी जो गुस्सा शांत हो,
तो मेरे सवालों की तरफ नजर दौड़ाईए,
अथवा छोड़कर आपका आश्रम,
हिमालय को प्रस्थान कर जाईए।।5।।

ये सुनकर गुरु ने हाथ जोड़ा बोले
"अरे! तूने दिमाग नहीं पाया है घोड़ा।
चला जाऊंगा हिमालय भले ही,
पर नहीं अब सह सकूँगा,
तेरे सवालों का हथौड़ा"।।6।।

88. विवेकानंद की चालाक बुद्धि

आओ अब तुम्हें सुनाऊँ, विवेकानंद की अपूर्व जीवन घटना।
ताली जरूर आप बजाना, यदि आए आपको जरा भी हँसना।।1।।

एक दिन स्वामी जी जब, रेल यात्रा पर निकले थे,
थके हारे जरा स्वामी जी, अपने स्थान पर लेटे थे।
तभी एक फिरंगी जो, सामने उनके बैठा था,
कुटिल भाव से कुटिल दृष्टि को, उनकी कमीज़-जूते पर फेंका था।।2।।

फिर उसने एक चाल चली, कमीज़ को जूतों से उड़ा दिया,
सोचा कि बोलेंगे स्वामी, तूने ऐसा क्यों किया?
पर वो ये न भांप सका कि स्वामी जी ने सब देखा।
समझ गए थे वे सब-कुछ कि इसने ये सब क्यों फेंका।।3।।

स्वामी जी थे बड़े प्रतापी, इंसाफ वो करना जानते थे,
जैसे को तैसा मिलता है, उस सिद्धांत को वो मानते थे।
फेंक दिया उसका भी सूट-बूट जब वो गहरी नींद में सोया था,
मचा कोलाहल क्षितिज में,
उठा फिरंगी बौखलाया, हाय नियति ने कैसा द्रश्य दिखलाया।।4।।

स्वामी जी तब खड़े हुए, बोले "बेटा तुम न अभी बड़े हुए,
एक बात मन में गांठ बांध लो, सूट-बूट अब गया क्षितिज में,
अब साफा लेकर ही लौटेगा, आज के बाद तू ऐ फिरंगी,
करने से पहले गलती, सौ बार सोचेगा।
जा खोज ले गगन में, अपने सूट-बूट को,
जीरा कभी न रास आता, एक बड़े से ऊंट को।।5।।

89. जब एक चूहा चढ़ा पहाड़

एक बार की बात है,
सुन लो मेरे यारा,
चढ़ गया था पहाड़ पर,
जब एक चूहा प्यारा।।1।।

चला जा रहा था मस्ती में,
सोचा- इंसान से भी मैं तेज हूँ,
पहुँच गया जब अंत में चूहा,
हो गई उसकी सौम्यता छू।।2।।

लेकिन फिर एक चींटी ने,
झट से उसका भ्रम तोड़ा,
बोली "तूँ चूहे जरा लगा दिमाग,
चढ़ गया तूँ मेरे घर का पहाड़"।।3।।

90. ऊंट के मुंह में जीरा, हो रही उसको पीड़ा

मैं हूँ ऊंट प्यारा सा,
मैं रह लेता हूँ बिना खाए-पीये भी,
लेकिन पप्पू बेटा ने,
खिलाया मुझको बेस्वाद जीरा,
अब सह रहा हूँ देखो भैया,
मैं सबसे ज्यादा पीड़ा।।1।।

अच्छा भला सा चल रहा था मैं,
जब वो नालायक सामने आया,
पोटली में था जीरा उसके,
मेरा भी दिल घबराया।।2।।

फिर वो आकर पास मेरे,
जीरा मुँह में मेरे ठुसा,
इस कड़वे से पदार्थ से अच्छा,
खा लेना था मुझको भूसा।।3।।

91. संवाद एक अनोखा

एक बार की बात है,
कटुक एक थी पाठशाला,
आते थे एक गुसैल शिक्षक जी,
रंग था जिनका सबसे काला।।1।।

तोतली-सी उनकी थी बोली,
क्या थे बोलते समझ न आए।
आज भी उन्होंने था ये बोला
''खले हो दाओ, दो-दो तिताब नहीं लाए''।।2।।

हँसने लगे फिर सब उनपर,
पर एक लड़का ये बोला,
''बोलोगे जो सही शब्द गुरुजी,
तो मिलेगा सोना दो तोला ।।3।।

दिन बीते, बीता एक साल,
सोना तो न मिल मगर,
गुरुजी का हुआ ऐसा हाल,
जैसे घोड़ा भागे हो बेहाल।।4।।

92. टमाटर के भाव उचके से जा रहे हैं

एक समय था जब हम सब,
पेट्रोल के भाव पर रोते थे,
घटे लेकिन जब जरा भाव उसके,
हम चैन की नींद तब सोते थे।।1।।

लेकिन फिर टमाटर ने,
हमारी नींद हराम कर ही डाली,
लेकिन मजबूरन खरीद लेते उसे,
बिन दिये कोई गाली।।2।।

अब मैं ज्यादा नहीं बोलूँगा,
अपना मुँह और नहीं खोलूँगा,
टमाटर गुस्सा न हो जाए,
इसलिए उसे अब न कुछ बोलूँगा।।3।।

93. एक नक चढ़ी पड़ोसन की कथा

चलो पाठक अब तैयार हो जाओ,
हँसने हेतु ज़ोरों से,
पेट दर्द हो सकता तुम्हारा,
हवा न छोड़ना अपने पेट से।।1।।

एक बार की बात है,
एक पड़ोसन चीखी जोर से,
सिर्फ फूल एक मुर्झाया था,
समझी न वो गौर से।।2।।

वो तो गनीमत देखो अब भगवान की,
चीखते-चीखते हुई बेहोश,
उसकी चुभती आवाज के,
अन्त का हुआ बड़ी मुश्किल से जयघोष।।3।।

94. फ़टे छाते की व्यथा

दादा देखे पोता देखा
देखी बुड्ढी दादीमाँ
लेकिन न देख सकूँगा लगता
वंशज पलने वाले यहाँ।।1।।

फटा हुआ हूँ कब से मैं,
कंजूसों ने सिला नहीं,
मुझको ही गाली सब देते,
कोई भी मदद करता नहीं।।2।।

95. घिसा हुआ सा चप्पल मैं

मैं मरा नहीं, मैं कटा नहीं,
लेकिन घिसा हुआ-सा चप्पल हूँ,
मारा न जाने कितनों को।
टाँगे तोड़-तोड़कर मैंने अपनी,
न जाने बचाया कितनी ही टाँगों को।।1।।

काश होती एक ताकत मुझमें,
मार सकता अपने मालिक को,
घिसघिस कर जिसने सुजा दिया,
मेरे हर एक अंग को।।2।।

96. फ़ोन महान या है महान पन्ना

फ़ोन महान या है महान पन्ना,
समझ नहीं यह पाता हूँ,
दोनों ही आते काम मेरे,
इसलिए सोचते ही रह जाता हूँ।।1।।

जहाँ पन्ना देता है लिखने की शक्ति,
वहीं फ़ोन डाँट पड़वाता है,
जहाँ प्लेन बनता पन्ने से,
वहीं फ़ोन प्लेन की सैर कराता है।।2।।

अब करो दूर मुझसे,
जो है ये दुविधा मेरी,
जब तक मैं सोचता हूँ बैठा यहाँ,
फोन महान या है महान पन्ना।।3।।

97. अंग्रेजों ने भारत कैसे छोड़ा

एक समय की बात है,
कान फाड़ के सुन लो जरा,
आज बताने जा रहा मैं,
अंग्रेजों ने कैसे भारत छोड़ा।।1।।

एक थे शख्स सवालीराम,
सवाल था पूछना जिनका काम,
पड़ गए हत्थे फिरंगी के वो,
जब कर रहे थे गोरे आराम।।2।।

पूछे कैसे-कैसे सवाल,
नहीं बता सकता हूँ मैं भी,
लेकिन इतना बता दूँ तुमको,
इन सवालों से ही भागे थे फिरंगी।।3।।

98. एक फोटोग्राफर बेवकूफ़

आओ मिलाऊँ अब तुम्हें,
एक फोटोग्राफर बेवकूफ से,
फोटोग्राफी का जिसको ज्ञान नहीं,
उस महान बुद्धूमान से।।1।।

जनाब थे बड़े महान,
फोटोशॉप इस्तेमाल करते थे,
दुल्हे को दुल्हन की साड़ी,
और दुल्हन को शेरवानी पहनाते थे।।2।।

एक बार फिर उन्होंने किया ऐसा जब,
तब उसकी शामत आई,
लाठी से तो कभी हथौड़े से,
सबने की इनकी पिटाई।।3।।

99. ताले की जब चाबी खोई

एक बार की है बात,
मुसीबत थी लाई फिर सौगात,
आए थे जब स्कूल से हम,
पाया अंदर का रास्ता खत्म।।1।।

अब हम थे हुए बड़े परेशान,
अब बचा सकता था भगवान,
आकाश से सोचा चाबी गिरेगी,
अंदर जाने का रास्ता देगी।।2।।

फिर चला ये पता हमें,
माँ के पास ही चाभी थी रखी,
अब माँ के आने का था इंतजार,
चाबी से अब हो गया है प्यार।।3।।

100. जब चाय में बहू ने डाला नमक

एक बार की बात है,
दिन चल रहा था तनाव भरा,
बहु जो जाती बनाने रोटी,
तो गलती से बन था जाता वड़ा।।1।।

आज फिर हुई थी एक और गलती,
चाय में मिलाई गयी थी नमक और चाय पत्ती।
पीया जैसे ही सास ने चाय, उनके प्राण निकल पड़े,
उन्होंने चीखा - ''ये क्या पिला दिया हाय''।।2।।

अब आप ही बताओ पाठक,
बहू की क्या थी गलती,
वो तो बस गलती से डली,
नमक संग चाय पत्ती।।3।।

नमस्कार मित्रों,

आज आपके और मेरे दोनों के लिए ऐतिहासिक दिवस हैं। क्यों? ये बात आप भली-भांति जानते हैं। आज के दिन मैं अपनी आखरी कविता सौंप चुका हूँ और आप मेरी आखरी कविता पढ़ चुके हैं। हाँ, स्वाभाविक है कि मेरी लिखावट में कुछ त्रुटियां जरूर हो सकती हैं, लेकिन क्योंकि एक लेखक सिर्फ करुणा और कृतज्ञता का भूखा होता है, तो आपकी माफी से मुझे कोई आपत्ति नहीं। आपने मेरा इतना साथ दिया, मेरे पाठक बने, उसके लिए आपका धन्यवाद।

आपका शुभचिंतक

सूर्यांश झा ''उदित''

लेखक के बारे में

आप सबके करों में अभी मेरी किताब **"कलम शतक"** है। मेरा नाम सूर्यांश झा "उदित" है। मेरा जन्म **10 अगस्त** 2009 को भोपाल में हुआ है और मैं वर्तमान में भोपाल में निवास करता हूँ। मेरे पैतृक गाँव का नाम तिलडीहा है जो कि बिहार राज्य के बांका जिले में स्थित है। यह गांव देवी जी का मुख्य स्थान माना जाता है जिसे तिलडीहा महारानी के रूप में लोग आराधना के लिये सालों भर आते रहते हैं। हमारे गांव में प्राचीन समय से विभिन्न विषयो के अनेक विद्वान् हुए हैं जिससे दक्षिण बिहार के सभी क्षेत्रों के लोग इस गांव के प्रति एक विशेष आस्था रखते हैं। इस प्रकार यह गांव खुद एक काफी अद्भुत इतिहास रखता है। मेरे पिताजी का नाम श्री रत्नाकर झा और माँ का नाम रश्मि झा है। मेरे दादा जी का नाम स्व. श्री दिवाकर झा और मेरी दादी का नाम श्रीमति रेखा देवी है। मेरे दादा जी का सम्पूर्ण जीवन अध्ययन एवं अध्यापन में ही हुआ इसलिए इनके स्मरण में कुछ लिखने की ईच्छा हुई और इसी प्रेरणा से मैने हिंदी के सम्मान के लिए अपनी सोच को आगे बढ़ाया की मैं हमारी अपनी भाषा हिंदी को उसका सम्मान और स्वाभिमान वापिस लौटा सकुँ जो पिछले कुछ बरसो से खो सा गया था। अब जब आप मेरे बारे में सब जानते हैं तो हिंदी के लिए की जा रही इस क्रांति में मेरा साथ दें और इस किताब को ज़्यादा से ज़्यादा प्रेम दें।

जय हिन्द,

जय हिंदी।